U0944678

QIYE CHENGZHANGLI SHUJIA

企业成长力书架

谈判攻略

——销售这样谈最有效

陈星全◎著

中国财富出版社

（原中国物资出版社）

图书在版编目（CIP）数据

谈判攻略：销售这样谈最有效 / 陈星全著．—北京：中国财富出版社，2012.6

（企业成长力书架）

ISBN 978－7－5047－4212－4

Ⅰ.①谈…　Ⅱ.①陈…　Ⅲ.①贸易谈判　Ⅳ.①F715.4

中国版本图书馆 CIP 数据核字（2012）第 052660 号

策划编辑　黄　华　　**责任印制**　方朋远

责任编辑　丰　虹　　**责任校对**　孙会香　梁　凡

出版发行　中国财富出版社（原中国物资出版社）

社　　址　北京市丰台区南四环西路 188 号 5 区 20 楼　　**邮政编码**　100070

电　　话　010－52227568（发行部）　010－52227588 转 307（总编室）

010－68589540（读者服务部）　010－52227588 转 305（质检部）

网　　址　http：//www.clph.cn

经　　销　新华书店

印　　刷　北京京都六环印刷厂

书　　号　ISBN 978－7－5047－4212－4/F·1724

开　　本　710mm×1000mm　1/16　　**版　　次**　2012 年 6 月第 1 版

印　　张　16.75　　**印　　次**　2012 年 6 月第 1 次印刷

字　　数　240 千字　　**定　　价**　32.00 元

QIYE CHENGZHANGLI SHUJIA

企业成长力书架

编委会

序　言

无论你愿意与否，你都是一名谈判者。谈判是生活中无法避免的现实。你要和老板商量提薪；要与陌生人商定买房的价钱；两个律师解决一起交通事故引出的诉讼；几家石油公司计划联合勘探近海石油；市政府官员与工会领袖会谈以避免公交司机罢工；当年美国国务卿和苏联外长试图就限制核武器达成协议……以上这些都是谈判。

每个人每天都要与别人进行谈判。就像莫里哀笔下一辈子追求谈吐高雅的汝尔丹先生那样，我们有时在不知不觉中与别人谈判。比如，你和爱人商量去哪里吃饭，或者与孩子商定他们何时熄灯睡觉。谈判是从别人那里寻求自己所需的一个基本途径，是与谈判对方存在相同和不同利益时寻求解决方案的相互交流。

冲突日益增多，需要谈判的场合也越来越多。每个人都希望自己的事情由自己来决定，人们越来越不愿意听别人发号施令。由于人与人之间的不同，我们需要用谈判来消除分歧。不论是在商界、政界还是家庭中，人们更多的是通过谈判来解决问题、做出决定。即使是打官司，人们也经常在审判前庭外和解。

人们发现自己处在两难之中时，有温和与强硬两种谈判技巧。温和者总是避免双方的摩擦冲突，为了达到共识，往往很快作出让步，他希望有个愉快的解决方案，但却常常发现自己被别人利用而不得不咽下苦果；强硬者则认为谈判是一场意志的较量，谁采取的立场更极端，谁能硬撑到最后，谁就能赢，可结果往往是硬碰硬，不但弄得自己筋疲力尽，而且也伤害了自己与对方建立起的关系。其他一些谈判技巧都介于两者之间，无非是要在既有所得而又不伤和气之间寻找平衡。

我们在生活当中都知道这样一个事实：你要想钓到鱼，其中最重要的东西就是鱼饵。不同种类的鱼对于鱼饵的喜好也不同，因此，你必须站在鱼儿的立场上去思考它们喜欢吃什么。

同理，作为一名谈判者，你要想“钓”到客户，就要站在客户的角度思考问题，弄清楚客户的心里到底在思考些什么，这样你才能更好地提升你的业绩，取得成功。

彼得·伊利亚德曾说：“今天你如果不生活在未来，那么，明天你将生活在过去。”做销售，如果你不设法提升自己的销售能力，那么，你将走在别人的身后，成为一个落伍的销售人员，最终将被残酷地淘汰！

由此可见，作为一名销售谈判人员，你需要有心理学家的特质、沟通高手的才智、销售大师的睿智，既要满足客户的需求，处理客户异议，又要达到销售的目的；既要让不同层次的客户满意，又要为公司和个人赢得利润。

作为一名销售谈判人员，应该从态度和技能两方面进行修炼。阿基米德说：“给我一个支点，我就能撬起整个地球。”所以，谈判人员要培养阿基米德这种巧干的“销售谈判技巧”和“销售谈判心态”，良好的谈判技能就是成功销售的支点。

本书是一本结合销售实践和谈判技巧的实用工具书，对销售谈判人员在谈判过程中的不同阶段、消费者的不同心理，以及谈判者应该怎么去面对客户等方面都作了详细的介绍，相信会对销售谈判人员的工作有指导作用。

所以，在谈判中，你要想提升你的销售业绩，就一定要懂得察言、观色、攻心，正确处理客户异议，真正明白心理学对谈判的重要性，从而让自己成为销售谈判行业中的一名佼佼者。

本书内容通俗易懂，书中配有情境再现和大量实际案例，有助于销售谈判者深入领会、快速吸收；栏目设置精彩纷呈，模块中有与客户的对话环节，让谈判者站在客户的角度换位思考问题，给谈判者以思考与回味的余地和空间，从而避免推销综合征，使销售员从根本上理解销售的本质，提升自我销售境界。

本书将助你破茧成蝶，让你在最短的时间内掌握谈判技巧，创造一流的销售业绩，成为销售谈判高手。熟读本书，将使你从容地直面谈判过程中的各种挑战，并品尝到付出艰辛努力之后所带来的成功喜悦和快感，打造出属于自己的一片广阔天地，不断向销售谈判大师创造的销售纪录迈进！

最后，祝大家都能实现自己的销售梦想，成为行业的销售谈判专家。

作 者

2012 年 1 月

目 录 CONTENTS

第一章　知彼之前先要知己

——谈判前的自我认识

谈判是一场对抗，其中最难战胜的对手是自己。谈判前夕，知己必须放在知彼之前，了解自己的实力、知识储备、环境支持以及对谈判结果的承受能力，这是制定谈判策略的基本依据。只有充分认识自己，才能认清谈判形势，制定科学合理的谈判策略，从而得到谈判利益的最大化。

实力：有实力打持久战吗

你的产品销售周期是否允许你将谈判一拖再拖？

你是否有雄厚的资金实力应对谈判僵持阶段的消耗？

这单生意对你是锦上添花还是生死攸关？

市场、行业发展与企业现状是你打持久战的阻力还是后援？

最后关头你有一击必胜的撒手锏吗？

如果持久僵持的后果是失败，你承担得起吗？

谈判前必须制定一个整体的谈判策略，是否要将自己拉入持久战是必须首先考虑的关键问题。

我们经常会听到“谈判是一场耐心与勇气的较量”“谈判胜在计谋与忍耐”“谈判重在坚持”等有关谈判的指导，这些注重方法、心理等因素的说法固然不错，但却忽略了一个最应该优先考虑的因素——实力。

谈判前我们必须正确评估自己的实力，并将其作为制定谈判策略的重要考虑因素。否则，脱离了实力因素的谈判策略只能是纸上谈兵，更会贻误战机，造成谈判失败的严重后果。

谈判归根结底还是一场实力的较量，当然，这个实力不仅包括双方的经济实力、谈判地位、业务规模等硬实力，还包括谈判团队、应变能力和心理承受能力等软实力。这些实力决定了你的谈判策略是速战速决还是持久消耗。一般能进入持久消耗的谈判都是建立在双方实力相当、后备支持稳固、企业运作稳定等条件的基础上。

谈判前，我们必须清楚地分析自己的现状：是否有实力与对方进入持久战；如果自己有这样的实力，在谈判条件上要做哪些坚持来逼迫对方就范；自己的实力决定了这场持久战的持续期有多久；如果双方实力相当，自己要在谈判策略上进行哪些调整与准备等，这些都是要根据自己的具体实力预先考虑好的策略问题。

当然，如果己方实力不允许过多僵持，那就要考虑好要在哪些方面进行让步；让步的底线在哪里；哪些是自己必须好好利用的有利条件；要为自己争取到一个什么样的局面，等等。

案例实操

准备万全　不惧万变

意大利某钢铁企业要从中国进口大批量的矿石，就矿石价格问题与中方某大型钢铁集团谈判；而中方要从这家意大利钢铁企业进口一批矿石冶炼设备，双方就这两个方面进行了一场双向谈判。

谈判初期，双方争论的焦点集中在矿石价格定位是按欧美标准还是按中国国内市场的标准上。中方坚持认为既然是国际合作，就应该按照国际价格体系来定价，而意方代表则认为中国企业对内和对外制定两个价格标准，不符合 WTO 的有关市场一体化的规定，有必要进行调整。双方各执一词，互不相让，谈判进入艰难的消耗阶段。

经过内部协商，意方代表提出，如果中方坚持自己的定价标准，那么意方会在矿石冶炼设备的定价上有所调整，将在原来的价格基础上提升 30%，以示警告。

同时，经过中方多方了解，意方已经在暗地与东南亚某国矿石企业接触，很可能用比中方报价低很多的价格签下矿石收购合同。

经过认真分析，中方继续坚持自己的报价，但在矿石运输和交货周期上做了一定让步。因为中方经过分析发现，与意方接触的东南亚矿石公司年矿石产量还不及意方需求的一半，很难在数量上满足意方要求，而且矿石质量较中方相差很大。中方最大的优势就是产量大、能充足供应、质量高，还有一个东南亚矿石企业没有的优势，就是中国政治稳定，经济干扰因素很小，能保证长期稳定供货。

所以面对谈判的止步不前，中方并没有采取进一步的行动。经过一段时间的僵持，意方有意放出其与东南亚某国企业接触的消息，并开始暗中与中国其他矿石企业联系。中方依然不以回应，因为早在谈判未正式开始之前，中方已经与国内矿石企业就矿石价格问题达成了联盟，不怕意方从中作梗。

经过一番折腾，意方最终还是回到了谈判桌上，以国际标准价格收购了中方的矿石，并在中方有所让步的情况下以比较合理的价格出售了矿石冶炼设备。

这个案例中，中方在做好了谈判前充分准备的情况下，合理分析市场现状、正确认识自己的实力，以不变应万变，最终赢得了这场谈判持久战的胜利。

巧手点金

1. 谈判前的实力分析是对自己实力的一次综合检测

谈判前的实力分析不仅要纵向分析自己的综合实力、谈判目的、发展阶段等自身条件，还要横向分析经济走向、市场发展、行业现状、产品地位等环境问题，只有经过这样全方位立体式的分析，才能对自己的综合实力有一个正确的认识，从而为制定谈判策略提供准确的信息。

从上面的案例可以看出，谈判前对自身的准确分析、定位，是谈判过程中一个重量级的砝码，任对手使出多少手段，都能被一眼看穿，让自己不受任何影响，从而达到最好的谈判效果。

2. 实力越弱，越要做好打持久战的准备

无论你的实力如何，谈判前都要考虑到持久战的问题。当然了，鉴于实力强弱有别，需要考虑的问题也有所不同。但是，不能说你没有实力或者不准备进入谈判的持久消耗阶段就不考虑这个可能性。恰恰相反，越是要避免进入持久战，越要将打持久战的策略准备充分。因为在你评估对手的同时，对手也在评估你，你的弱点他当然要充分利用，所以，你越不想持久消耗，他越可能将你拖进持久战中来。

有很多办法可以避免持久战，也有很多策略可以围魏救赵，将持久战的消耗与损失降到最低，这将在后面的文章中陆续提到，但这都不是我们在谈判前对持久战准备不充分的理由。只有事前的充分准备，才能在心理上与战略战术上做到万无一失。

是否要进行谈判的持久战，最终的决定因素是实力的强弱，但谈判前对自己实力的准确评估并不全是为持久战而做。

正确地评估自己的实力，是谈判所有环节的需要，也是谈判进行前必须要第一步进行的准备，其事关谈判成败，必须予以充分重视。

实战指南

谈判前正确评估自己实力的几个必备方面。

双方硬实力对比包括经济实力、谈判地位、业务规模、行业地位等方面。

双方软实力对比包括谈判团队、应变能力和心理承受能力、策略制定等方面。

纵向分析自身条件包括自己的综合实力、谈判目的、现阶段企业发展程度等方面。

横向分析谈判环境条件包括经济走向、市场发展、行业现状、产业地位等方面。

专业：有专业知识作为依据吗

对销售产品的专业性问题你具有丰富的专业知识吗?

你是否有足够的专业知识应对谈判僵持阶段的消耗?

你是否是靠丰富的知识作为依据，说服客户?

作为一名优秀的销售人员，你是否已经具有清晰明确的专业知识呢?

最后关头你能有专业知识作为一击必胜的撒手锏吗?

如果没有专业知识的后果是失败，你承担得起吗?

谈判前，首先要了解自我，然后了解他人。大千世界人有各色，了解他人就是了解形形色色，不要执著于好恶。了解他人，建立合作关系，这才有了通常所说的谈判。人际沟通要学会怎么听，怎么说。

通过人际沟通，然后就进入团队中的谈判阶段。在团队的环境中进行谈判，需要了解团队建设、冲突管理、决策与问题解决、会议沟通等方法和技能。需要掌握谈判与沟通的艺术、人脉关系建立等沟通技能。

在销售谈判过程中，要想说服客户，强硬的语气、威逼利诱都不能使客户心服口服。相反，如果你有丰富的阅历和知识，便为说服对方加上了决定性的砝码。

如何能成为一名销售谈判专家？首先是“学习”，要想成为销售冠军，就只有不断地学习新知识，不断地丰富自己。因为，只有丰富的专业知识才能使客户折服，而对于客户提出来的那些营销方面的专业难题，销售人员既要讲得合情又要讲得合理，否则客户不会认为我们的产品是有价值的，可以说，知识是最能说服客户的，知识越丰富，说服客户的概率就越大。

专业的销售知识是需要销售人员一点一点地去学习和掌握的。销售人员应不断培养自己的学习能力，把这些知识吃透，做到熟练掌握。

案例实操

专业知识作依据，带来财富

赵先生是日本洗车机企业的销售总监，他在营销学方面的知识以及市场经验非常丰富，目前是国内相当有名的顾问。一次偶然的机会，他接到一个重大任务，那就是接见一位来自西北的大客户，这位大客户打算做其产品的西北独家经销商。看得出来这个大客户是有备而来的，刚坐下没一会儿就开始咄咄逼人地发问：“你的产品凭什么一台就卖3万元？在市面上国内同类产品也不过才卖到9674元。你们的产品怎么就这么节水，比用水洗车的机器又能好到哪里？产品这么贵，工作原理又是新的，凭什么让顾客放心接受你的新产品呢？”

其实赵先生早就料到客户会提出这样的问题，于是私下里做好了完全的准备。“之所以售价高，首先在于它的节水性，在市面上绝对排第一，一杯水就能洗一辆车；其次在于它所采用的部件全部从发达国家进口，它的使用寿命可比一般部件长9倍。您一定知道国家刚刚出台了关于限制洗车用水的法规，节水是必然趋势。国家对于下岗职工从事环保产业有政策和资金的支持，银行方面一定会支持我们的贷款，可以让下岗职工分期付款。您还有其他疑问吗？”

赵先生的回答中，既包括了对竞争对手的分析，又包括了对国家政策的掌控，而且还为对方的产品销售出谋划策，说得客户心悦诚服，解除了所有的疑虑，于是在正式签约中，对方一次就进了1000台洗车机。

这个案例中，赵先生在做好了谈判前的充分准备的情况下，合理分析市场现状，给客户一条一条地分析，立即就把自己产品的优势凸显出来了，让客户认可了产品，进而认可了公司的实力，这就是专业知识的说服力量。

巧手点金

那么，销售人员需要具备哪些专业知识呢？

1. 产品知识

一个产品，你只有了解到位，才能恰到好处地介绍给客户。说明书是首先必须要下工夫读懂的东西，另外也不排除对产品的亲身体验。例如，一个推销美容美发产品的促销员，如果她能通过使用自己的产品，把自己的长发呵护得乌黑亮丽，推销的时候让客户亲手抚摸一下她用了自己化妆品的如丝般的长发，那么她完全可以以“让秀发更光泽”作为产品的宣传语向客户展示，客户就会非常相信了。再比如，一名销售工业用空调的销售员，如果客户问一个月的耗电量有多少，他回答不出来，那么即使他再怎么说这款空调省电节能，客户都不会被说服。

了解产品的安装与使用知识同样非常重要。如果客户不会使用那个产品，往往会把过程复杂化，由于复杂的原因而放弃你的产品也完全是有可能的。曾经有一个帮笔者的公司设计网站的客户，一个负责的小女生一定要我们帮助她来购买网站空间，还让我们来帮助她设置企业邮箱。后来一沟通才知道，原来她从来没有做过这些事情，以为这些很复杂，害怕做错，所以请我们来帮她。当我们把整个办事流程向她解说了一遍后，她才肯放下心自己去办这件事。

2. 了解企业知识

销售人员其实就是企业的对外形象代言人。销售口号再雄壮，如果销售人员在客户面前委靡不振，客户也会认为这家企业不怎么样，从而不接受这家企业的产品。

曾经一位男导购员说的一句话让笔者印象非常深刻。他说："我们为什么起这个名字，就是要弘扬我们中华民族的志气，所以我们做每一款产品都非常用心，我们的产品质量在全球都是有一定地位的。"

3. 了解行业知识

除垄断行业之外，我们的每一个企业都有竞争对手，因此客户在购买产品的过程中势必会货比三家。而作为销售人员的我们，只有拥有足够的行业知识，才能对消费者的问题应对自如，才能让其深信不疑地购买我们的产品。

深入了解本行业，将使你洞察消费者的需求和偏好的变化，新的发展可能使某些消费者的重要性减弱，然后会有一批新的客户大量涌现，在你的行业中扮演重要的角色。一个成功的销售人员应该是一个跟得上潮流，懂得抓住时机的人。

4. 了解销售知识

销售是一门技能，更是一门艺术。没有经过销售培训的人，一般都很难成长为销售冠军。销售培训，不仅教给我们如何接触客户、做产品展示及说明、处理客户异议、促成签单，更让我们对客户的购买心理掌控自如。

对最新销售技巧的认识同样不可小觑。那些成功的销售人员在研究如何销售和表述自己的产品或服务时，通常都很内行，因为他们永远在追求的道路上，寻找着新的解决方案，对客户的需要了如指掌，对自己产品的优缺点把握明确，最终达到使顾客满意的目的。

销售人员阅读关于销售方面的文章，参加销售方面的培训课程，以求了解如何才能更好地销售自己的产品。当这些知识都融入他们的陈述之中时，知识就成了制胜的法宝，并且光有大量的知识还不行，需要在实践中不断地演练，最终的陈述应该是在与客户对话时款款而谈、风情万种。

我们都知道，未来的竞争是靠知识的。只有知识丰富，才能成为销售冠军。同孤陋寡闻的销售人员相比，见多识广的销售人员往往更容易获得成功。

实战指南

谈判前正确学习专业知识的几个必备方面。

谈判从认识自我开始，通过一点点地去学习和掌握专业知识来充实自己。

“有三样东西很坚硬，那就是：钢铁、钻石和了解自我。”富兰克林如是说。

知识和信息是谈判的命脉。你对谈判另一方的需要，或者对能够选择的其他资源及信息知道得越多，你的谈判立场就越强硬。

切记一句格言：“知识就是力量。”

助力：有相关法律可以借力使力吗

你的产品销售是否符合有关法律法规的规定？

你是否有足够的相关法律知识应对谈判的僵持阶段？

相关法律对你的生意是锦上添花还是处处受限呢？

市场、行业发展的有关法律政策是你借力使力的后援吗？

如果相关法律法规有所限制，你能否承担得起销售的失败？

谈判过程中的借力使力是公平的。借力使力又称柔道策略，是谈判技巧的一种，也是杠杆作用的运用。它是运用敌人的力量为己谋利，换句话说就是不要和强大的对手鸡蛋碰石头。

如果你遇到咆哮、谩骂、具攻击性的对手时，找准相关法律政策是最明智的选择。这些人，不管出于什么原因，总是想要跟人一决胜负，他们的谈话充满攻击性，过于坚持自己的看法，会惹人不快。

而最不明智的做法就是和这种人一样采取同样具有攻击性的策略。此种处理方法会导致不快的情绪升高或积压，甚至更糟。相反，最好的方法是运用对手的力量对待他自己。千万不要窝火，只要平心静气地告诉他："我来这里是做生意，不是来跟你决一雌雄。我还有些重要的事要做，我也知道你有不爱浪费时间的美誉，我们为什么不先达成协议？如果愿意的话，之后再决一胜负不迟。"

由于你的忍辱负重，那些具有攻击性的对手就会与你化敌为友，如果他诚心诚意地谈判，你们就能够平心静气地谈下去。许多人相信，制胜之道是采取强悍的姿态使敌人畏惧，但事实上，攻击性行为可能只是装出来的。不管怎样，你的处理方法是先站稳自己的立场，秀出自我风格。切记，没有任何交易是值得你失去自我的。

→ 案例实操

打破规则，借力使力

有一个年轻的顾问，试图与处理新环境法事宜的国家机关达成一笔交易，但一直很艰辛。这个年轻人给每个人的印象都很好，人也机警、老练，但每次他都被拒绝了。“非常抱歉，我们只跟那些在信誉上有保证的企业合作。”几次谈判都如此让人失望，于是他决定运用相关法律政策借力使力。

“张主任，事实上我能了解你们的政策，我也确信如果我和你异地而处的话，我也会使用同一政策，不过我确定的是没有一家你可雇用的公司在这个计划上可以提供和我一样好的服务，当然，这么说是有依据的。这是崭新的领域，有着自身的发展优势，我的学位也许算不上华丽，但如果你看了州委员会写给我的有关我的博士论文的信，你会了解到，尽管我年纪很轻，但我的确写了一本有关此领域的专业用书。”

“既然你很勇敢也很有胆略，那我们就先来合作吧。”

这个顾问明白，规则是可以打破的，而他有足够的智慧了解如何运用自己的长处为己谋利。

这个案例中，销售顾问成功用借力使力打破法规，克服理性。通常，生意人认为，大部分人都是讲道理的，事实也确实如此，但世上就是有完全不讲理的人，而这些人就能运用他们的不合理性，成功地为自己谋利。

巧手点金

1. 谈判前要运用借力使力，消除客户疑虑

疑虑说明客户需要保证，需要有力的证据。因此销售人员要提供相关的资料，证明产品确如所说的那样能给予客户利益，满足客户需求。但值得注意的是，证明资料必须是相关的，也就是要针对客户所怀疑的特征和利益。

借力使力就能很好地消除客户的疑虑。当客户提出疑虑时，销售人员应立刻回复："这正是我认为您要购买的理由！"换言之，销售人员有必要将客户的反对意见直接转换成其必须购买的理由。

2. 谈判前要运用借力使力，克服客户误解

误解是在客户不了解你的产品和公司的情况下产生的。在销售过程中，误解时常发生，例如你没有问及或客户没有听到都是误解的导火索。但问题的根本出发点是误解背后客户有需要，所以澄清该需要，并说明该需要就更为重要。

例如客户经常提道："A 产品的规格太少了，有好多顾客买不到适合自己的品种。"客户误以为"产品品种越多能带来的利益越大"。销售人员如果能够意识到客户的真实需求不是"更多规格的产品"，而是"想要提升利益水平"，便可以进行说服："我们精心挑选的这几个品种是顾客最喜欢、销量最大的，虽然更多的品种确实能带来更多的销售额，但您愿意占用更多的资金和库存吗?"

一般情况下，直接反驳很容易陷于与客户争辩，销售人员应注意言辞势必要委婉，避免和客户直接的言语对抗，但有些情况必须直接反驳以纠正客户不正确的观点：

（1）客户对企业的服务、诚信有所怀疑；

（2）客户引用的资料不正确。

任何对企业服务、诚信的怀疑都可能极大地损坏企业的声誉，对销售无疑是致命的打击。同样，客户所掌握的不正确的信息是销售人员必须立即纠正的。但要注意态度一定要诚恳、对事不对人，在让客户充分感受自己的专业素养的同时不能让客户的自尊心受到伤害。

3. 谈判前善借法律之力，认识自我

一个成功的销售人员首先要善于借助法律之力。法律的实力与规模往往是销售人员无法衡量的，攀上法律这个高枝儿，销售人员就可以享受在大树下乘凉的舒适。通过扩大自己的销售数额，销售人员可以与厂家通力合作，或者与厂家建立良好的客户关系，以此来征得政府对自己的各项政策支持，如果有厂家的信贷支持，还可以申请到一定的信贷额度，从而用厂家的资源来为自己“生钱”，何乐而不为？

总之，要想在销售方面做大做强，光靠一己之力是不够的，必须要善于借力使力，通过向上借助法律之力，向下借助渠道之力，销售人员才能纵横捭阖，拥有更大的空间；才能充分地调动一切可以调动的资源，不断地呈螺旋式向前发展，从而增强自己的核心竞争力，不断地向更高的发展阶段迈进。

实战指南

谈判前借力使力需要注意以下几个方面。

销售人员在应用借力使力时，必须反应灵活，即使客户的异议缺乏事实依据，也不能当面反驳，而应挖掘客户兴趣，刺激消费。

了解所在行业的法律法规，以学会利用法律法规借力使力，完成谈判。

销售人员要善于借助相关法律的力量，塑造和提升自己经营方式的档次和门店形象，提高资金的周转率，学会打造和提升自己信誉的方式和技巧。

计策：能暂时蒙混过关吗

你对产品的质量和服务是否有足够的保证？

你是否有足够的把握应对谈判的各种问题？

谈判过程中对于一些敏感问题你能否听而不答？

你能否对自己的知识和能力有所证明，而不是蒙混过关？

如果产品有瑕疵，你能否承担得起销售的失败？

销售人员的天职就是顺利完成销售任务。在此期间，一方面需要销售人员和公司内的各个部门、销售经理有良好的谈判，另外就是和客户之间也要有良好的谈判。销售人员最重要的日常工作就是谈判。有很多客户和公司“反目”，就是因为销售人员和客户在谈判上出了问题。

作为销售人员，怎样才能达到通过“谈”的手段和“判”的目的呢？首先要了解自己，也就是做到“知己”，而要做到“知己”，销售人员就要对自己进行自我评定和了解，也就是认识自我。其次要了解谈判的对象，也就是“知彼”。只有“知己知彼”，才能在谈判中占有一席之地，才能百战百胜。

谈判前要认识自己，既要依靠自己的自我剖析也要依靠他人的批评，由于自我剖析往往不够客观与深入，因此得依赖他人的批评。自己坦白短处或向别人承认过错对大多数人而言都是非常难堪的事。因此，许多人一味地纵容自己，即使发现错误也总是给自己找借口逃避。只有少数人深知一定要自我剖析，最终才可获得丰硕成果。

销售人员可以说是商战中的特种兵，他们是一个特殊的群体。是集大智大勇、将帅风度、谋士气质、斗士勇气于一身的特种人才。他们推销的不只是产品，同时也推销了自己，包括自己的业务水平、谈判技巧、为人品德等综合素质，这些都可以形成销售人员的影响力，它决定着客户会不会信服你、接受你。把最真实的自我、最具个性的一面呈现在客户的面前，这也是让客户喜欢自己的根本途径。

→ 案例实操

一席话惊醒销售人员

李刚在23岁时进入一家赫赫有名的保险公司，在他从事这份工作以前，他穷得常常吃了上顿不知下顿在哪里，只能露宿街头。一个极为偶然的机会，这位落魄的销售人员因为一位道士的一席话而改变了自己的一生。

有一天，他向一位道士推销保险。他详细地说明保险内容之后，道士平静地说：“听完你的介绍之后，丝毫没有引起我投保的意愿。”

道士注视李刚良久说：“人与人之间在这样相对而坐的时候，一定要具备一种强烈吸引对方的魅力，如果你连这点都做不到，将来还能成什么大气候？”

李刚哑口无言，冷汗直流。

道士又说：“年轻人，先从改造自己做起吧！”

“改造自己？”

“没错，要改造自己，首先必须认识自己，你了解自己的为人吗?”

道士又说：“同理，你在替别人考虑投保之前，必须先考虑自己、认识自己。”

“考虑自己？认识自己?”

“对，赤裸裸地注视自己，毫无保留地彻底反省，然后才能认识自己。”

道士的这一席话，如醒醐灌顶，令李刚对自己失败的原因恍然大悟。他从此努力认识自己、锤炼自己，最终成为了一名推销界的大师。

这个案例中，保险推销员未能蒙混过关，但是他认识到了自己失败的原因。只有通过自我剖析，才能看清自己的真面目，才能发现优缺点，并及时改正自己，完善自我。

巧手点金

谈判前，销售人员要重新认识自我，避免谈判过程中出现蒙混过关的念头。

1. 理想中的我

理想中的我指的是销售人员要确定自己的目标。未来几年内自己要做一个什么样的人，收入是多少，要具备哪些能力，要在什么样的职位上。只有明确了个人目标，工作才会有内在动力，才能持久。就像一句人们常说的话：对于一艘不知道自己方向的船来说，任何方向的风都是逆风。

销售人员若想在谈判中采取主动，就要有明确的个人发展目标。只有把谈判的主动权掌握在自己手上，才会尽最大努力来争取公司资源来服务客户，才会尽力要求客户来配合公司。这样，销售人员的工作是有方向的，公司也会因此而得到良好的回报。

2. 现实中的我

明确了个人发展目标以后，销售人员还要立足于现状，不但要知道自己的核心能力是什么，还要对自己有清醒的认识。知识、态度、技能是作为一个销售人员务必要掌握的基本技能。

知识包括行业的知识、企业的知识、竞争对手的知识、产品的知识、市场营销的知识等；态度是销售人员面对困难的勇气、是否有心理素质、积极心态、成功的企图心、良好的工作习惯；所谓的技能是沟通技巧、团队合作技巧、处理人际关系的技巧。作为一名销售人员，不但要在知识、态度、技能三个方面全面认识自己，更要不断丰富自己的专业知识，从心态上改变自己。

销售人员要出人头地，要创造高业绩，要争取好待遇。但是要分清楚“出头”绝不是“强出头”。出头的前提是外界的环境和自己的实力已经达到某种程度，否则就是“出头的椽子先烂”。或者是在能力还不够的时候，就被提拔到了高位上，最后会害了自己。因此，“现实中的我”很重要。

3. 镜像中的我

只做到“知己”还不够，客户对销售人员的看法很重要，毕竟在客户的眼中，你就是公司。因此客户对自己的认识一定要心知肚明，如果客户对你有误解，一定要及时纠正和排除。在销售上有个说法是：“客户可以抱怨我们的产品，但是绝不能让客户抱怨我们的服务。”客户因为不满意公司的政策和产品以及售后服务而离开公司，这种情况是可以被原谅的，责任不全部在销售人员。但如果是因为谈判出现问题而失去客户，销售人员就是“死罪”。

自己在销售经理心目中的形象同样需要销售人员时时注意，在财务部、物流部、行政部人员心中的形象也一样。靠一个人就妄想搞定全局等同于无稽之谈，事实证明，大多数的事情需要团队的合作。没有销售经理和其他部门支持的销售人员是不能成功的。如果同事一提起自己就是“这个人人品有问题”“他的能力匮乏”或者“他总是不配合我的工作，我怎么可能和他配合得好”，那么最明智的办法就是赶快辞职，寻找其他发展途径。

4. 真实的我

综上所述，销售人员理想中的我、现实中的我、镜像中的我三者的交集就是真实的我。因此销售人员要不断地自我反省，以自己的目标为前进的方向和动力，对自己要有清醒的自我认知，并时刻关注销售经理、客户、各部门对自己的看法。这样才能处理好各个方面的关系，做好各个方面的谈判和沟通，最终取得良好的销售业绩。

实战指南

谈判前正确认识自我的几个必要方面。

销售谈判可以满足人的基本需要、销售谈判有助于人的智力发展、销售谈判有助于了解自己和他人、销售谈判可以起到身心保健作用，由此可见，认识自我要在销售谈判的过程中去完成。

认识自我的销售谈判方式主要有三种：一是“我”和别人的有形销售谈判，即“我”通过与别人的交谈、别人对“我”的回馈及评价等来分析自我、了解自我。

二是“我”和别人的无形销售谈判，即通过“我”与别人做比较的方法来认识自我。

三是“我”和自己的销售谈判，即通过“我”对自己言语、行为等的反省来认识自我。

支持：有本钱拒不让步吗

你的产品买卖是否能赚回足够的本钱?

你是否有足够的利润为客户做出让步?

客户对价格还是对服务更敏感?

拒不让步的变化对本行业和本公司有什么影响?

行业中的供应者和购买者有什么特点?这种特点有变化吗?

如果做出让步，你的产品能否承担得起本钱的支持呢?

销售人员不可能做到不提供资料和本钱分析表就把产品销售出去。但是，倘若运用了以下方法，即使是十分坚持的客户，也是会让步的。

- 为公司的政策所禁止；
- 无法得到具体的资料；
- 以某种方式提供资料，即使这些资料根本不起作用；
- 找借口长期地拖延下去；
- 向对方解释无法提供资料的原因，例如防止贸易秘密或者专利品资料外泄；
- 向对方说明倘若要拼合本钱和价格分析表的话，往往需要很高昂的用度；
- 使买方公司的某个高级职员替卖方做说明。

销售人员下什么样的决心，就会提供什么样的资料，一声坚定而巧妙的“不”对自己是相当有利的。

销售谈判最大的难题是面对变化的客户与市场。随着客户的感知能力、客户的审美能力、客户的维权意识的进步，市场的变化层出不穷，令人目不暇接，要想在变化中游刃有余，就要不断地学习，而不能迷恋于“傻瓜机”式的旧有模式不放。为此，危机意识也是销售人员应有的必备素质，担心自己的发展跟不上企业的发展步伐，这样的学习才是有效的，否则只会是领导积极、员工被动的“扔钱”。

案例实操

赔钱买卖，能让步吗

以下是小张与一个店员之间的谈判：

小张：这个铜盘子多少钱？

店员：您眼光真不错，80 元。

小张：你开玩笑吧，这儿还有块压伤，我只出 10 元。

店员：您要是诚心买，我还能考虑下给您点儿优惠。10 元，您才开玩笑呢吧？

小张：那好，我出 20 元，80 元太离谱了。价钱总得合理吧？

店员：您砍价真够厉害的，50 元拿走得了。

小张：就 20 元。

店员：我进价都比这个高好几倍，您是诚心买吗？

小张：30 元，我最多就付这个价。

店员：您看看上面的图案，到明年这样的盘子价格能翻 3 倍。

照这样谈下去，他们也许会达成共识，也许毫无结果。

谈判的任何方法都可以通过两方面的标准来衡量：如果有达成共识的可能，就应该达成明智的协议；谈判应该有效率，至少不应损害双方的关系。

这个案例反映了最常见的谈判方法，销售人员不能赔钱做生意，无法做出让步，因此只有不断采取新立场，放弃旧立场，认识自我的产品，才能达成想要的谈判结果。

巧手点金

1. 谈判前评估你的最佳替代方案

在谈判过程中，你首先就应该想到一旦谈判毫无结果，接下来你要做什么。换言之，你要有一个最佳的替代方案，要有所准备。这是在谈判陷入僵局时你必须采取的对策。如果无法掌控最佳替代方案，那么你就不可能知道在谈判中何时该接受对方的最终方案，何时去做出其他选择。另外最佳替代方案评估应该包括以下三个部分：第一，你为了应对可能无法和对方达成协议的可能，需要找出谈判中所有可能的替代方案；第二，对每一个替代方案的价值进行评估；第三，选择最佳替代方案，这就是你的最佳替代方案。

2. 谈判前估算你的底线

分析最佳代替方案可以让你估算你的底线，或估算出你从谈判中拂袖而去的可能性。因此它的重要性绝不能小觑。

对自己的最佳替代方案进行细致的评估是必不可少的。只有这样才能在对替代方案的真实评估基础上建立一个合理的底线。但将自己的最佳替代方案和谈判中的其他因素混淆后，人们往往会犯下战略性错误。务必记住最佳替代方案并不是你认为最好的方案，也不是你当初为你所售物品付出的代价，更不是你在本次谈判中希望的出售价格。当你目前的谈判无果而终时，最佳替代方案才会是你最后的撒手锏。

3. 谈判前评估对方的最佳替代方案和对方底线

现在你已经评估了你的最佳替代方案并估算出了你的底线，但如果找到你可能通过谈判拿到的最高价，这样就可以避免不想按最低价出售的情况。换言之，你必须找出对方的底线。那么你如何找出这个金额的数量并知道对方所能接受的最高价呢？若要找出以上问题的答案，可以通过评估对方的最佳替代方案。做成一笔好生意和做成一笔大生意便取决于此，有时这一步甚至是大获全胜和一败涂地的分水岭。

4. 谈判前评估议价区域

当你了解了双方的底线之后，你就可以对议价区域进行评估。议价区域是指双方可以接受的所有最终可能协议的集合区，也就是说位于卖方底线和买方底线之间的区域就是议价区域。在此区间内的任意一点都是双方可能达成协议的报价，所以议价区域囊括了所有可能的协议，而区间外的报价则会被其中一方拒绝。议价区域只是单纯地告诉我们谈判的形势，并没有详细地说出谈判会在哪个区间内的点结束。既然你想卖出一个高价，这个价格就要尽可能接近你的底线，当谈判开始的那一刻，你在谈判中的任务就不仅仅是与对方达成协议，而是要尽可能地在谈判中为己方主张最大价值。

实战指南

谈判前要注意是否有本钱不让步的几个方面。

销售人员要明白立场在谈判中所起的作用。它告知对方你的需求，在前景不明朗、存在一定压力的情况下提供了一个立足点，最终可能会产生自己能接受的结果。但通过其他方法也能起到上述作用，而且在立场上纠缠不清就会使双方无法实现有效率地谈判以及友善地谈判。

请记住：谈判前要明确了解自己的财务状况，是否能拒不让步？

寻找对方可以接受的单方面解决方案，也寻找自己可以接受的单方面解决方案。

以达成共识为目的，也以坚守自己的立场为目的。

避免意志的较量，如不可避免，要试图在意志的较量中取胜。

给对方施加压力。

第二章　真正的谈判始于谈判之前

——谈判前的信息、心理准备

真正的高手运筹于帷幄之中，而许多战争往往在交战之前就大势已定了。所谓知彼知己，百战不殆，当我们了解了自己的实力之后，还应尽可能多地掌握对手，甚至全局的信息。如此，方能调整好自己的心理状态，在对手面前做到言谈有度、阵脚严密。

布局：做好打心理战的准备

这场谈判里，你想得到的是什么？

你期待的最好结果是什么，你预计的最差结果又是什么？

无法达成协议时，你的备选方案准备好了么？

你的对手最感兴趣的是什么？

对手的底线在哪儿？

对手在什么情况下会对你妥协？

谈判是一个复杂的过程。它一方面受经济规律的约束，另一方面还受社会文化或个人生活经验养成的心理作用的约束。所以，先探明对方的心理，同时调整自己的心理，方能确保谈判中的优势，驾驭全局。

谈判不仅是争夺固定的份额，谈判者必须明确自己的需要，并且要能够为对方设想，以求得对方的心理平衡。如果在谈判前能确定自己在各方利益上的优先权，就可以发现对双方都有利的交换条件，进而做到舍小利、求大利。

除了谈判者自己和对方关心的利益之外，谈判者还应对整体局势进行评估。将自己关心的少数几个方面的利益扩大化，如价格因素等，竭力将谈判控制在自己最关心的范围内，而不是陷于对方关心的利益范围中。可以利用一些技巧，将对方的注意力吸引到这些利益范围中，比如阐述这些利益与对方关注的利益之间的紧密联系，或是引导对方发现这些利益因素。

只要切中了关注点，我们就可以随之安排一些谈判手段，比如谈判场所的选择。如果在谈判中你想强调的是产品的人文气息，就绝对不应该选择普通的酒会场所，而是有温馨感和艺术感的茶座。

对于对方谈判代表的个人喜好的探寻，或许是一个谈判成功的捷径。可以事先关注对方代表的学历背景、对方的生活习惯，投其所好地进行几句聊天式的寒暄，也许瞬间便可"化敌为友"。

案例实操

谈判即对症下药

《食品》杂志的拥有者曼德，是个恃才傲物的人，对不懂行的非业内人士向来不相信。森杰逊是当地著名的谈判家，他受投资家尼尔的邀请，代理一宗收购这家杂志社的谈判。

据森杰逊调查，年过50岁的曼德已经失去了创业者所特有的锐气，不再愿意面临各种风险，转而关注家庭和亲情。这样，森杰逊在和曼德谈判之前心里已经做好了准备，知道对付曼德这样的人应该用什么样的方法才奏效。

谈判正式开始前，森杰逊就试探曼德："投资家尼尔先生非常钦佩贵杂志编辑的卓越才华，但是对杂志的编辑出版业务不太熟悉，他表示将不提合作的先决条件，甘愿为您提供方便。与尼尔先生合作，我想您一定会得到最直接的利益。"听到这样赞扬的话，曼德马上作出可以考虑将杂志一部分所有权出让的决定。于是，双方很愉快地约定好了正式会谈的时间和地点。

正式谈判开始后，森杰逊直接对曼德说："我希望和您达成对我们双方都有益的协议。任何一项协议的达成之初，就是直接兑现好处的时候。"他给曼德造成一种是在与尼尔本人进行谈判的错觉，随即掏出一张15万美元的支票。

曼德看见支票，心里顿时有了保障，但是支票的金额还达不到自己的心理价位，于是表示希望用现金结算。森杰逊看到对方有意合作，于是镇定地点了点头："只要您开出一个合理的价格，我们之间不会有太长的讨价还价过程的。"

曼德开始盘算自己心中的满意价位，森杰逊说："价格方面我会努力让您满意的，曼德先生。而且在设计转让期的长期利益方面，我们要更多地谈到钱的事情。我们先谈一谈转让期限吧，我想初步定为5年，您不反对吧?"曼德并没有立即作出反应，于是森杰逊马上提出了附加条件："在转让期内您的年薪是6万美元，但要在期限内把杂志发展为专业丛刊。"曼德应道："我想这不会很困难。"

谈判进行到这个阶段，森杰逊认为到了形成既定事实的时候，他接着说："如果您同意的话，我们是否可以把我们协商中一致的部分条款列为转让合同的条款呢？然后我们再协商现金的问题，我保证不会让您感到失望的。"曼德已经十分相信对方的诚意，立即提笔书写转让合同。

紧接着，森杰逊说："请曼德先生开个价码吧。"

"20万美元。"曼德十分坚决地说。

森杰逊装作有些为难地说："坦率地讲，您的这个价位有些偏高了，而且委托人还没有赋予我加价的权力，他认为15万美元已经足够了。不过我可以帮助您说服尼尔先生接受您的开价，但前提条件是您必须为我提供一些方便，就是先收取15万美元支票，其余金额您可以选择接收尼尔先生的公司股票，并按照公司惯例在合伙期内不对所持有的股票进行转让。"

"不行，我还是希望用现金结算。"曼德无意涉足股市风险，故而态度非常坚决。"曼德先生，我想告诉您一个众所周知的事实，尼尔食品公司的股票是优质股，近几年一直在不断地增值，是股民争购的热门。这也是我刚才为什么要求您不能在合作期限内转让的原因。您为什么不考虑将部分转让费用于投资您所合作的公司呢?""我有自己花钱的方式，没必要接受公司股票的附加条件。"曼德依然不为所动。

森杰逊继续游说对方："我们谈判到现在一直非常愉快，我没有在任何一点上要求您作出妥协或者让步。现在我仅仅是建议您改换一下收取5万美元的方式，这不仅没有损害到您的财产，还会给您带来增值效应。难道这个小小的建议会成为我们之间达成一致的不可逾越的障碍吗？"

曼德一时琢磨不透这5万美元支付方式里究竟隐藏着什么，也说不出反对的理由，长吁了一口气之后，终于在转让协议上写下了这一条，谈判就这样顺利地完成了。

谈判前已经详细调查了解到对手的情况，森杰逊成功地掌握了曼德的心理，在谈判过程中对症下药，使得曼德得到了自己想得到的经济利益，同时又为委托人争取到了一部分无须现金支付的合作方式。由此可以看出，在谈判双方的直接对话中，成功掌握对方的心理，做好打心理战的准备，并适时地对症下药，是谈判中一个非常重要的环节和技巧。

巧手点金

1. 仔细评估自己的需要

为了得到自己所想要的结果，就要做出一些让步。所以应考虑你准备做出什么让步来实现自己所希望的谈判结果。这时应该弄清：

我的目的是什么？哪些条件是我绝对不准备做出任何让步的？

所有谈判议题里，什么对我来说是不那么重要的？

我有什么是可以作为交换条件而可以放弃的？

2. 认真考虑对方的需要

谈判的心理准备工作，要以自己的需求为根本，同时，也要充分考虑对方的需要。这时候，考验的就是你换位思考的能力。

你可以设想，如果你是对方的话，在这次的谈判中，你的目的是什么，你的需要又是什么；有哪些因素可以支持你目的的实现；你的交换条件又是什么；你打算像对方发起怎样的进攻，你了解了对方哪些数据和信息；在这场谈判中，哪些是你可以牺牲的。

对这些问题的思考，可以促使你深层次地了解对方的心理，从而在不知不觉间操控对方，把握谈判的主导权。

3. 成功的谈判者需要自信心

自信心可以帮助谈判者充分地发挥自身潜力。商场如战场，如果没有自信心，就很难有运筹帷幄的勇气。在谈判过程中，压力和挫折是常有的事，只有提前做好心理准备，相信自己一定胜利，才能坚持不懈地为胜利而努力。很多谈判的失败，并非因为战略不得当，而是由于缺乏自信，动辄打草惊蛇，自乱阵脚。所以，在谈判前，一定要充分鼓舞士气，才能在场上发挥出色。

同时，不能够盲目自信，妄自尊大。自信是要建立在有充分准备的基础上的。一定要先用最理性的方式，找到自己要求的合理性、方式的明确性以及胜利的必然性。唯有如此，才能够真正发挥出自信带来的实力，最终取得谈判的胜利。

实战指南

谈判前心理战术的准备有以下几点。

可以制作一份评估表，切实评估自身和对方的实力。

了解行为心理学方面的基本常识。

为自己的团队鼓舞士气，保持信心。

知彼知己，百战不殆。

统筹：谈判就是一场信息战

你了解谈判对手的成员吗？

你知道对手的谈判策略吗？

你知道对手的软肋在什么地方吗？

你如何让对手朝着你的预想方案推进？

商务谈判是场“信息战”，你需要想方设法获取对手的信息，并且严防死守，不要让对方获得你的信息。

掌握对手的信息，犹如为你的谈判提供了一柄利剑。这个时候，无论对方要什么花招，你都能够很快地一眼洞穿。但是如果你没有确切的信息，就很容易被对方的说辞所说服。

同时，要注意不要让对方获得己方的正确信息，这样，不仅使你免于被动，还能让对手按照你的思路行事，使对方钻进你的埋伏圈。

所谓信息战，即信息在进出之间的双向流动。“进”是获得对方的正确信息，“出”是向对方发出误导性信息。所以，对于己方信息，不光要防守，还要懂得导出错误信息。这一点乍看阴险，但兵不厌诈，有时候，发现对方派来了“间谍”，未尝不是件好事，你大可以利用这条线索，把虚假情报递送给对方。

一进一出，犹如双刃并发，可攻其不备，出其不意。正如《孙子兵法》所讲：“兵者，诡道也。故能而示之不能，用而示之不用……利而诱之，乱而取之。”

案例实操

信息助你赢得谈判

中国某公司曾与一个日本公司，围绕进口工业机械设备而进行过一场精彩的谈判，彰显了信息的威力。

谈判开局时，按照国际惯例，由卖方——日方先报价。日方给出的价格是1000万日元。

这一报价令中方暗中非常气愤，因为事前早已暗中摸过国际行情的底，日方这一报价，比实际价格高出很多，明显在欺负中方信息不灵通。于是，中方果决地告知对方：这个报价太离谱，如果以这个价格为谈判基础，那么就不用谈了。

日方对自己的第一目标如此快地被粉碎，感到有些措手不及。他们猜测中方对国际市场未必有那么多了解，或许只是中方的试探之举。于是，日方开始转移话题，介绍起自己产品的特性，并强调其优良的质量，希望中方能够再次考虑，在对产品有更多了解的基础上重新考虑己方的报价。然而，中方完全没有中招的迹象。

因为在谈判之前，中方不仅对国际价格有所了解，对于日方产品的特性、质量也都和同类产品进行过详细的比较。于是，中方故意明知故问地暗示对方："贵国生产同类产品的公司还有哪些？贵公司的产品优于他人的地方在何处呢?"日方明白了中方的暗示，顿时明白自己虚高的价格理想已经破灭了。于是，主谈借打电话先离席片刻，副主谈也假装在翻查材料，但并不回答中方的问题。过了一会儿，主谈回到了谈判席。显然他已经在离席期间拿定了主意。他一坐到谈判桌前，就问自己的助手这个报价是何时定的。助手听闻此言，急忙转弯说，是两个月前定的。于是，主谈对中方解释说，这个价格定的时间比较长了，可能会有变动。因此要先请示上级，看看有没有新的报价。

这段时间内，日方分析出，如果谈判失败，自己可能亏本，所以，他们最终接受了中方的价格。

（摘自《谈判家》）

在这个案例中，谈判一开始，日方满以为自己可以忽悠过信息不灵通的中国人。日方之所以出这个价，是因为以前他们的确以此价格成交过。但是随着市场行情的变化，产品的价格早已过了专利保护期，远远低于此价格。

如果中方不是了解了足够的信息，那么日方就可能以第一次的报价为谈判基础，获得厚利。而如果中方不能接受的话，日方也可以找个理由再开价格。但由于中方已经摸透了对方的底细，所以，无论日方使什么花招，都占不到便宜。

巧手点金

一般来说，要想掌握对手的正确信息，可以利用以下几种方式。

1. 推己及人

知己可以知彼。我们知道，人们的想法其实大致相同。谈判的目的，无非是想花费最少的代价而获得最多的利益。而谈判中的竞争之处就在于，谁能够更好地掩饰自己的动机，让对方觉得他得到的少而付出的多。同时，还在于谁能够敏锐地洞察到哪些行为是对方的“幌子”，而哪些行为才是出于真实的动机。

但你应该记住，千万不要自以为是，以为对方看不出你的掩饰行为。如果被洞悉了自己的掩饰，反而会适得其反。你的掩饰应该有策略、有步骤，并且有为自己打圆场的准备说辞，才能占据先机。

2. 整合资讯

即把你已经掌握的对方信息在脑海中重新提炼，进行去伪存真、由表及里的分析与加工。柏拉图说过："知识不存在于我们的感觉结果中，而是在于我们对它的推理中。"独立思考是整合资讯的必要条件，切莫省略。独立思考时给自己一个好的环境，争取在一个安静的地点、一个相对长的时间里静思。冷静的思考之后，那些平时感知到，却没有上升为理性认识的关于对手的细节资讯，就会浮现于眼前，再进行一系列的推理，最终得出结论。

3. 布置间谍

即想方设法，通过对方内部人员获得信息。可以安排"卧底"到对方内部，或者在对方人员中发展出一个"内线"。这样，你的谈判会更加易如反掌。这也提醒你，身边的工作人员也可能是对方的眼线，一定要做好资料的保密工作。

4. 留心对方举止

在与对方日常接触的时候，就算是聊与生意无关的话题，也要十分留意对方的言行举止。一个人的面部可以提供给你无数的信息。通过对方打电话、对待下属、处理细节问题的态度，能够很容易地了解一个人的品性、喜好。只要观察细致，再加上独立思考，既可以了解对方的性格，也可以了解对方的弱点，可以使你轻易地投其所好，攻其不备。

实战指南

谈判对手信息的收集应力争包括如下几方面。

对方的大致谈判策略。

对方的谈判目标。

对方可能做出哪些方面的让步。

对方的让步幅度。

对方的底线。

关于期限：谈判期限短的一方压力大，当期限迫近的时候，很可能会出现重大让步，所以，如果你调查出对方的谈判期限，适当拖延，就可能占据巨大优势。

内究：战前沙盘推演

你以为只有真正的战争才需要沙盘推演吗？

你以为谈判的交锋是从正式谈判时才开始吗？

你以为你的对手说的言之凿凿的话语，都是第一次出自他的口中吗？

你以为谈判就不需要排练吗？

你知道谈判之前该如何排练吗？

如果上谈判桌时，你所准备的发言是你人生中第一次陈述的，那我预计，你的结果不会太美妙。只有在演练中，才能得到运用销售谈判策划的方法；只有在演练中，才能实践销售谈判技巧；只有总结演练过程中的教训，才能体会和分析销售谈判技巧的使用。

谈判演练是在谈判准备工作阶段最后进行的一项工作。做一次成功的实战演习，需要你和你手下的人充分配合。在这个过程中，每个人都需要如同身临其境一般地投入。不仅要就谈判议题展开辩论，还要使用谈判的专业语言，甚至演练双方的面部表情、语气等。在演练中，发生的一切问题都可以作为真实战场上的借鉴。

这种谈判演练应该杜绝随意，而应该建立在充分研究对方、分析自己的基础之上，同时，在谈判结束后，一定要总结谈判中的优势和不足，这样的演练才有意义。

案例实操

虚拟失败

说到实战演练，一般大家都会尽可能往成功的方向努力。在谈判开始前，也大多会收到上司“只许成功，不许失败”，或者“小心行事”的叮嘱。其实这样一来，往往会使谈判者的心理负担加重，开始质疑自己的实力，在实际谈判时，往往会导致遇事慌乱，败于心理紧张。

然而，本田公司的老总本田中一郎对于实战演练却有着另一番见解。相对于逃避失败而言，他更鼓励正视失败。他常常对部下说：“只有不怕失败才能成功。而且，我相信你不会失败。”我们可以设想，在这样破釜沉舟式的鼓励下，员工会以怎样的勇气走上谈判席。

因此，在本田公司的实战演练中，经常虚拟各种失败的场景，让员工们熟悉失败的感受和心境。员工们在演练中，常常会有遗忘材料、说错辞令等行为，但他们会视错误为珍宝，将这些错误的成因牢牢记在心里，在谈判场上严格避免。

这样，在真正的实战中，他们反而能够放松心态，取得成功。

不论任何一位主管，没有不怕失败的。然而对谈判的演练，可以预先避免一些失败。只有在演练中熟悉了失败的原因和场景，才能增加胜算。

俗话说熟能生巧，谈判也是如此。

巧手点金

谈判演练时有以下几点注意事项。

1. 谈判小组的角色设定

谈判的演练到位与否，直接决定了谈判的预期效果。而谈判演练的重要一环就是谈判队伍的角色安排。

安排角色，需要在了解对手的情况、了解谈判环境、对己方人员的特性有充分认识的基础上，根据谈判内容和难度的不同，选取合适的人员，在谈判演练中分饰不同的角色，预演即将进行的谈判。

在角色扮演中，我们借用了一些喜剧、小说中的典型人物概念，以方便我们对角色的理解。通常，这些角色包括：首席谈判员、“白脸”、“红脸”、“和稀泥”、“清道夫” 等。有时，对于不同的特定谈判场合，还需要再配备其他角色。

谈判小组最理想的人数是三到五人，这个数目必须覆盖到所有关键角色。通常每个角色最好由一人担当，但是当一个谈判小组无法容纳那么多成员时，可以由一个谈判员一人分饰几角，当然，这个难度要大一些。

在演练中，谈判人员要严格按照自己的角色属性来进行排练，不能代替其他成员发言。

2. 谈判现场的座位设计

当自己是谈判的东道主时，一定要利用好这个时机，布置好会场的座位。座位要根据角色合理分配。在已知对方人员配置的情况下，一定要避免两方的强硬派坐在彼此对面，而是应该错开坐。

3. 演练后评估效果

有效模拟谈判可以预先暴露己方的谈判方案、计划的不足之处及薄弱环节。对这些环节加以纠正，就可以在真正的谈判场上避免失败。

实战指南

排练中的重点如下所述。

对谈判气氛的把握、对问题的预测、双方策略的整理、谈话技巧等问题。在排练时应该充分展开想象，但应该合理并围绕主题。

时间不足时，可用列表模拟法。只需要一张纸一支笔就可以完成。你可以先列一个表格，一边列出我方的信息，还有人员配置；另一别列出对方的相应信息，然后逐条分析优势和劣势。最后找到相应的进攻、防守措施，写在一旁。

预测：做好被“拖”的准备

谈判正节节胜利时，忽然被叫停怎么办？

在被拖延的时候，你是否想过把低价报给对方？

你以为对方听到你的妥协便会善罢甘休吗？

你以为你的妥协会有利于整个大局吗？

是什么让对手成为了赢家？

是什么让你输得不甘不愿？

如果你是卖方，一定要做好遇到这样一类对手的心理准备。他们对你的产品报价不明确表态，同时明知你的谈判有规定期限，却一再拖延答复。

拖延战术是对谈判者意志施压的一种最常用的办法。人的意志就如同钢铁一般，尽管看似坚强，但在缓慢的重压之下，也会慢慢疲惫弯曲。遥遥无期的拖延，往往比针锋相对或是严辞拒绝更让人难以忍受。

这时候，你心里大概开始想把价格松动一些，本能地缓解施于你身上的压力。可是，这样你就中了对方的圈套了。你以为对方听到你的最低报价会就此妥协吗？更真实的情况是，他们会继续对你施压。就算最后没能以他们的价格成交，他们也胜利了，因为买家已经掌握了你的底线。因此，下一次再与你谈判，或是和其他公司谈判时，他们已经握有了宝贵的第一手资讯。

最好的方法是，顶住压力，以不变应万变。请对方给出价格，这样就把绣球抛给了他们，让他们斟酌该不该亮出底牌。当然，对于很多有经验的谈判高手来说，这是不可能得到效果的。那此时，你还有一个笨办法，就是坚持到底，看谁更有耐心。面对他们的再三逼问，你一定要沉住气，礼貌而平静地让对方出价。

当然，这种对于压力的抵抗力可不是与生俱来的。在谈判桌前，要务必再三叮嘱自己，不要被拖延战术弄昏头脑，要比对方更从容不迫。必要的时候，你还需要对此进行一些战前演练。

案例实操

抵抗住拖延带来的压力

一家全国知名的企业给员工的待遇十分不规范，既不签署劳动合同，也不提供社会保险。而大多数员工为了生计，也只能接受这份有风险的工作。小陈为这家企业服务了好几年，工作一直尽心尽力，从不懈怠。

而就在小陈以为自己的努力可以获得一定的晋升时，公司开始裁员了。小陈得到通知，她被辞退了。

小陈此时连基本的生活都没有了保障。她只得决定向公司索取解约金和保险费，共计 1.5 万元。然而当她把赔偿明细单递交给公司人力部时，对方竟然完全不置可否。小陈焦急地等待，却没有任何答复。

此时，小陈担心公司是有恃无恐，如果自己坚持等下去，可能血本无归。此时，小陈觉得，不如自己做出一些让步，只要能够尽快拿到钱就好。于是她给公司发了一份传真，告诉对方只要 1 万元就可以接受。

当然，小陈的第一期望还是能够得到全额赔偿，毕竟这样都未必能完全弥补她因失业带来的损失。但是，如果对方不予支付的话，她也只能如她在谈判书上所说的一样，去法院状告企业，但诉讼费就是一大笔费用，加上小陈从没打过官司，对于法律条文、起诉程序完全不了解，害怕自己的合理要求被公司的律师说成是讹诈，那可是有理都说不清了。而如果不起诉，让事情这么拖下去，小陈的经济负担就会继续加大了。

权衡利弊后，小陈认为还是私下让步比较好。尽管她根本没有摸透对方不回应的真实原因。是认为赔偿金过高还是干脆就没打算付款呢？既然公司可以不签条款，就必然是以赖掉每一笔赔款为目标的。然而求款心切的小陈，却没来得及想这么多，她只求让步能让问题速战速决，殊不知，公司仍然没有理会她。最后的情况我们不得而知，想必小陈输得很惨。

（摘自《销售谈判技巧》）

这个案例说明，尽管公司违章在先，但小陈在谈判方面完全缺乏必要的技巧。在这个案例中，她受到拖延战术的影响，未接到对方的建议之前，就修改自己的提议。她对对方的想法完全是主观臆想，没有理性的分析。在还没搞清对方下一步的动向就自行退让，使自己被动万分。

其实在这场谈判里，企业方并没有什么优势，因为企业方有明显的违规行为，只要告上法庭，是一定会受到公正的仲裁的。然而，企业方只用了一招拖延战术，就占据了绝对优势。所以，小陈与其在底下揣度公司的意图，不如了解一下法律程序，随时准备打官司开战。也许这时，小陈就会发现自己其实没那么被动。

这就是谈判，胜负往往在于一念之差。对抗拖延，与其说靠的是经验智慧，不如说靠的是强大的心理素质。不要对妥协的结果抱有过于美好的幻想，直面现实，也许对手比你想象得脆弱得多。

巧手点金

1. 先开口的一方就是让步的一方

谈判中遭遇拖延时，一般情况下，先开口的一方就是让步的一方。让步方也许是出于时间紧迫，也许是求成心切，总之，看似一个不能解的僵局，就在一方松动价格的情况下忽然达成了协议，让另一方懊悔不已。所以，在拖延时，谁都应该把握住，不要当最先开口的人。而抵抗压力不是与生俱来的超能力，沉默需要训练，更需要时刻提醒自己保持镇定。

2. 抵抗压力，保持沉默

在遭遇拖延战术时，沉默有两个作用：一是抵抗对方的压力，二是最大限度掩饰自己的底线。尤其是在你没弄清对方的底线之前，更要对自己的底线严防死守。同时，在谈判中，一般双方都会有两套解决方案。同样的，你要守住自己的解决方案，探询对方的第二套方案。如此才能免于被动，争取打破拖延的僵局。

3. 把握机会搜寻信息

在谈判中，你的报价和底价是你自己清楚的，而对方的底价是最难得知的。而且，对方的开价也不会那么容易在你面前暴露，他们会有充分的试探，才会开一个尽可能对自己有利的价格。

为了避免对手的拖延，我们应该在谈判准备期，竭尽全力了解对方的资料。这样，当对方的伎俩都能被我们一一识破的时候，拖延战术好像就不那么有用了。你大可以说出：我们的谈判时间不多，还有A公司和B公司，会给出比你低得多的价格。对方或许就会意识到，跟你拖，没有太大好处。

→ 实战指南

面对拖延的关键如下所述。

准备好你的“撒手锏”，面对对方可能采取的拖延战略。

遭遇拖延时，一定要记住，沉默是金。

万全：我该带一条底线还是另一套方案

谈判中，是原则重要，还是利益重要？

谈判真的能完全达到自己的预期目标吗？

谈判中可以实现完全的双赢吗？

我的备选方案会造成多大的损失？

互相妥协的方案是否触到了我方的底线？

在谈判过程中，遭遇一些意外的要求和额外增加的条件，一点都不罕见。然而，在没有准备的情况下，会令谈判员措手不及。为了避免惊慌失措，我们在接到一个谈判任务时，就应该提前设计好几个应急的替代方案。这就需要我们在谈判前，对双方可能产生的问题、交锋、妥协、冲突等进行一个合理的估计。当然，任何的估计都是不准确的，不过我们应该像做科学实验一样，尽最大努力避免误差。我们在观察分析时，一定要以事实为依据，避免主观臆想。在谈判中，也要随时留意对手的表情、举止，核对谈判形式，对原定的替代方案进行及时修正。

我们在以往的谈判中，往往过于强调立场、原则、尊严，而没有将公司的利益放在首位。其实，合同签下来之前，谈判桌上，一切都是有可能变化的。与其愤怒于对方的变脸，不如早作准备，找到自己的获利空间，争取双赢。

同时，我们还要知道，让步的谈判可不一定是失败的谈判。谈判中，绝对不能为了防止谈崩而做出不当的让步。绝对要用对自己没有损失的条件作为交换，这样的谈判才能达到双赢。

而最佳的替代方案应在正式谈判前就已确定，并已经完善得很好了。当然，这需要充分的预测和估算，甚至要列出很多具体的细节，力争对方也能够欣然接受。而这个最佳的替代方案所获得的利益，不应该少于主选方案。

案例实操

不战而胜的替代方案

在15世纪，英格兰的君主爱德华四世曾派军队跨越英吉利海峡，远征法国。当时，堪称欧洲15世纪最狡诈君主的路易十一，考虑到自己的实力，没有选择开战，而是谈判解决。因为一旦开战，必定是耗时耗资的。于是，路易十一在1475年和英国国王爱德华签订了一个和平条约，承诺先向英国支付5万克朗，并在爱德华的有生之年，每年对其支付5万克朗。为了这场谈判的胜利，路易十一没有仇视他的侵略者，反而用盛宴尽情款待了爱德华和英国军队两天两夜。同时为表诚意，路易十一还委派了波旁王朝的红衣大主教陪同爱德华玩乐。最后，爱德华带着军队心满意足地离开了法国。

用路易十一的话来说，他的父亲是用军队把这群讨厌鬼赶走的，而他，则是使用美食和美酒把他们赶走的。

在这个案例中，我们知道，与其去选择坚守原则，不如退一步选取替代方案，也许结果会更好。

双赢的替代方案

一家知名企业和一家策划公司，就其市场战略的制定和流程的规划进行了一场谈判。

一开始，策划公司报价10万元，但企业不予同意。

原因是，尽管这一报价符和市场行情，但这一费用已经超过了企业对此项任务制定的预算。而策划公司一方也有人认为对方不懂得行情，不愿继续谈判。于是谈判陷入了僵局。

不过此时，精心准备后的策划公司提出了替代方案。在这个方案中，策划公司增加了一项企业培训服务。这个服务在市场上的价格是3万元。而如果企业接受原服务的话，这个培训将以1万元的价格售予他们。方案中，策划公司因为有自己的培训讲师，培训成本并不高，所以整体而言，这个方案对于公司没有什么损失，只是稍微少赚点钱而已。但11万元的整体价格对于企业方就是个巨大的诱惑了。企业方感到这个方案也切合了他们的利益，因此欣然签约，谈判成功。

这是一个双赢的替代方案，在价格僵持不下时，采取了捆绑式销售，推销出了另一份产品，在自己获得收益时，也令对方满意。

巧手点金

1. 了解对方信息

对于一些知名企业来说，了解其信息并非难事，可以从多种渠道中获取。无论是媒体的相关文章，还是公开的年度报表，抑或是直接从内部人员当中打听，都能获得不少的有利资讯，把握对方的大致方向。

想在谈判场上获得成功，不仅需要熟练的谈判技巧，更需要知识积累和对行业的观察。同时，对整个市场加以分析。只有站得高，才能看得远。

即便你已是一名优秀的谈判高手，对谈判已经十拿九稳了，你也一定要根据你所获得的信息，准备一到两个优秀的替代方案。因为谈判是永远在变化的，很多人都败于不明敌情。不要偷懒，用准备主选方案的心态去准备替代方案，才能从容应对变化。

2. 强化替代方案

一个被强化了的替代方案，会给你足够的选择余地，这样，你的谈判地位就会马上提升。因为此时，你既可以坚持主选方案，也可以在万不得已的情况下，提出你的替代方案，让对手眼前一亮的同时，对自己又没有任何损失。相反，假如替代方案不是那么优秀的话，你的谈判地位也会随之降低。如果这个方案一旦被对手揣摩出来，你会有更大的损失。所以，强化替代方案是谈判成功的重要一环。在实际谈判中，再优秀的替代方案也需要继续强化，直到完全符合当时的情况。

强化替代方案是谈判成功的重要一环。“知彼知己，百战不殆”，在强化替代方案的同时，也要尽可能地了解对方的替代方案，假如获得关于对方替代方案的信息，那将给你的谈判带来极大的帮助。

实战指南

替代方案的制定有以下原则。

替代方案可以不止一个，并按照效果做好排序。

要根据对方的需求和自己的实际制定替代方案，不可凭空设想。

替代方案的效果尽量不要次于原方案。

礼仪：理清礼仪节度

谈判礼仪是谈判中极为重要的要素。不论谈判双方的实力如何、地位如何，在谈判桌上，都是平等的，因此双方需要互相尊重。

友好的气氛可以使得谈判变得易于沟通。而得宜的言语，是制造友善气氛的必要条件。在谈判中，遇到翻牌、要挟等情况是常事，如果这个时候你勃然大怒、出口伤人，结果往往会给谈判带来不必要的障碍，甚至导致谈判的失败。

谈判中的语言，既要温文有礼，又要有一定的原则和手段。有经验的谈判者，能够始终运用优雅而富于文采的语言，却包含了一切包括撒手锏或是最后通牒一类的强硬信息。既表达了己方观点，又不破坏谈判气氛。

在谈判中，谦逊的态度可以让人更容易达到目的，获取成功。尤其是当谈判双方的地域文化、营销领域有差异的情况下，多说几句“不好意思，我不太明白”，或者“请你再解释一下好吗”这类言语，会让对方觉得你诚实可亲，也更容易达成合作。

相反，如果在谈判桌上咄咄逼人，试图控制他人的情绪，或是有不容他人质疑的行为，很容易引起对方的反感，从而导致自己的被动。

案例实操

礼数不可或缺

在一场由巴西某公司和美国某公司组成的谈判席上，由于巴西谈判团的成员迟到了45分钟，美方代表对此感到非常不满。而巴西一方又没有正当理由，因为他们是由于上街购物耽误了时间。因此，美方代表花了很长时间来指责巴方，并质疑他们的信用。这样一来，巴西代表感到很歉疚，只得不停地向美方道歉。

这样，谈判就在美方不满的情绪中开始了。巴西代表顿时畏首畏尾，不敢和美方大胆地讨价还价。因为一开始双方就不平等了，巴方处于一种服从的地位。于是，美方的各种要求，巴方也没有很好地考虑或是提出反驳，就匆匆签订了合约。

等到合同签订以后，巴西代表才意识到，自己完全没有必要因为迟到而在谈判上作出让步，这分明是两回事。但为时已晚，他们的谈判已经败给了美方。

因此我们知道，谈判中，守时是一项基本的礼数，不能被对手抓住把柄。

然而一旦出现错误，也应当懂得用礼貌的方式化解。同样是迟到，日本人就做得更胜一筹。

据“礼”力争

日本一家著名的汽车公司要在美国发售时，找到了一家美国代理商为其销售产品。双方就价格问题准备举行一场谈判。而就在去谈判席的路上，日本公司的代表因为塞车迟到了。美国公司正要抓住他们的小辫子，想以此要挟对方放宽条件。此时，日本代表非常诚恳地对他们道歉了。日本方代表起立对美方说：“十分抱歉耽误了您宝贵的时间，由于我们到此人生地不熟，所以造成了这样尴尬的局面。但我们也不希望造成这样的局面，如果你们因此而质疑我们的诚信度的话，我们也只好退出这场谈判。但我们认为，以我们开出的条件，是不愁在美国找不到代理商的。”

日本人这一席话，说得正欲刁难的美国人无话可说，谈判正常开始了。

我们看到，日本人尽管也因迟到而失礼了，但由于能及时承认错误，表明态度，所以没有使美国人获得可趁之机。

巧手点金

1. 谈判时的穿着

在国际社交场合，有礼服和便装之分。除了非常正式和盛大的场面需要你穿着深色礼服外（一般特指燕尾服或西装），一般场合的谈判穿便装就可以了。而目前对于服装的要求，也有越来越趋于简化的趋势。但应该记住，男士在任何情况下都不能穿短裤，否则会被视为衣冠不整。而女士在夏天则可穿连衣裙等。

2. 谈判会场的布置

谈判桌一般是长方形或椭圆形的，谈判小组的座次排列有如下形式。

（1）横桌式：当谈判桌在室内横放时，客方代表应该坐在面对门的席位上，主方代表应背对门。双方主谈者应坐在中间。其他小组成员因根据职位高低，依次先右后左分别落座。主谈者右边的座位是副手席，而在涉外谈判中则是翻译席。

（2）竖桌式：当谈判桌在室内竖放时，以门为准，右侧由客方成员就坐，左侧由主方成员就坐。其余参照横桌式。

而在多边谈判中，则有如下两种形式：

（1）自由式：各方人士随机自由落座。

（2）主席式：面对门的位置设主席位，供各方代表发言之用。其他各方人员台下就座。

3. 注意言谈举止

开始谈判时的第一眼印象往往决定了不少成败因素，因此言谈中间一定要体现良好的修养。

自我介绍时要大方自然，面带微笑，结束时要说“幸会”。不可有紧张生涩或傲慢的举止。要双手递接名片，接过名片后，一定要简单看一下上面的内容，不可不看一眼就放进兜里，或者拿着名片一直摆弄。这都会令对方非常尴尬。

握手时，一般都是女士先伸手，男士再伸手。当对方伸出友好之手时，我们应该很快地迎上去，并面带微笑，身体微欠。谈判双方握手的时间，应在三到五秒左右。握手时不应再与他人交谈，也不宜和对方靠得太近。

初识之后，也可以稍事寒暄，再进入正题。

实战指南

谈判前礼仪准备的重点主要有以下几点。

在谈判前，最容易忽略的就是礼仪细节，一定要核准对方的地域、教育、宗教背景，做到有备而去。

平时多积累礼仪知识，注意在谈判演练中的操用。

出现错误时及时道歉，礼貌应对，可以挽回大局。

第三章　开局就要确定优势

——打 好 开 局 第 一 战

谈判的开局阶段，谈判双方对谈判还没有实质性的认识，各项工作都处于千头万绪之中，无论准备工作做得如何充分，都免不了会遇到新的问题。由于在此阶段，谈判双方的心理都比较紧张，态度比较谨慎，都在用感觉去探测对方的虚实及心理状态。所以，在这个阶段一般只是进行见面、介绍、寒暄，以及谈判一些不很关键的问题。这些非实质性谈判为整个谈判定下了一个基调。

基础：关键是让对方能坐下来谈下去

你的产品是否有足够的优势吸引客户？

如何让客户钟情于你以及你公司的产品呢？

你是否已经了解了即将谈判的对手的各个方面呢？

你的一言一行、一举一动都在时刻影响着客户，你知道吗？

对方能不能坐下来谈下去，主要影响因素有哪些呢？

如果对方能坐下来，那你有什么谈判技巧使他能谈下去呢？

每个人都希望自己的需要和爱好得到很好的满足。而一旦有人能够满足其需要和爱好的时候，会对对方产生一定的信任和好感，也同时愿意和对方进行交流与合作。这样一来，满足他人的需要和爱好的人，自己本身的需要和爱好也就可能得到满足。正是根据这个道理，人们很乐于用投其所好的策略和技巧来达到自己的目的。

将投其所好作为一种谈判的技巧和方法，其基本的思想就是为了使对方能坐下来谈下去。谈判者根据对方的需要和爱好，有意识地迎合对方，使双方达成共识，在找到了共同点的基础上再进一步提出自己的要求和条件，使对方易于接受和认可，进而使自己的谈判目标得以实现。

谈判同时也是一种实力的较量，能让对方坐下来谈下去的这种实力既包括谈判场内的实力，更包括谈判场外的实力。相应地，谈判技巧和方法也包括谈判场内的和谈判场外的。谈判需要场内的实力和场外的实力相互配合、相互作用，才能得到相互呼应和补充。

谈判策略的实力对抗，指的是谈判者为了达到某种谈判目的，在谈判之前或者谈判过程中，积蓄足够强大的谈判实力，以此在与对方的实力对抗和较量中取得优势，进而赢得谈判的成功，实现自己的谈判目标。如果在谈判中没有足够的实力使自己在谈判中处于优势，使对方心服口服，那么谈判就很难取得成功。

谈判实力不是天生的，需要付出相应的努力和代价才能获得，而谈判之前的准备工作是在谈判桌上能够体现谈判实力所必不可缺少的。此外，使用实力对抗法的谈判策略，还需要时刻注意分寸，既要用自己的强大实力与对手对抗，又要在谈判过程中建立和谐的人际关系，要以理服人，这样才能使谈判达到良好的效果。

案例实操

投其所好，赢得谈判

某公司是有名的面包公司，很多大酒店和餐饮消费场所都与该公司有合作业务，但有一家特别大的酒店却一直没有在该公司订购面包，公司的销售经理王经理一有机会就去拜访这家大酒店的经理，还经常以客人的身份住进酒店，有时还参加酒店所举行的会议，为了能让这家酒店和他们合作，王经理想尽了各种手段和方法，但是无论采用何种手段，这家酒店还是没有合作的意向。

王经理很苦恼，他想了一段时间，决定改变过去的推销策略和谈判技巧，开始对这家酒店的老总所关心和爱好的问题进行调查。通过一段时间详尽细致的调查，王经理发现酒店的老总是慈善协会的会长，对慈善事业非常热衷，这一重大发现给了王经理很大的帮助。当他再一次去拜访酒店的老总的时候，他就以慈善为话题，围绕着慈善协会的创立和发展以及一些有关事项和酒店老总谈起来，果然起到了意想不到的结果，这一话题引起了酒店老总的极大兴趣，他的眼里闪着兴奋的光。

这一次同酒店老总“谈判”的时候，王经理丝毫不提关于面包销售方面的事情，只是就酒店老总所关心和感兴趣的慈善事业这个话题取得了很多一致性的见解和意见。不仅如此，饭店老总甚至表示同王经理有相见恨晚之感。两个人大约长谈了一个下午，在这期间，王经理根本没有提及双方有关业务方面的合作的话题，对方丝毫也不想谈及合作，只是对他感兴趣的慈善事业绘声绘色地和王经理聊得很愉快。

但是几天以后，那家酒店的采购部门突然给王经理打去电话，让他立刻把面包的样品以及价格表送到酒店去。王经理有些喜出望外，然后马上准备好东西，很快就赶到了酒店。酒店的负责人在双方的谈判过程中笑着对王经理说："我真猜不出您究竟使用了什么样的绝招，使我们老板那么赏识您，并且决定与贵公司进行长期的业务合作。"听到对方的话，王经理有些哭笑不得。

这个案例中，尽管面包公司享有盛名，但是还有一家大酒店没有合作，长时间的谈判也没有成功。于是王经理换了个谈判技巧，抓住了酒店老总所关心和感兴趣的事情，巧妙地运用了投其所好的谈判策略，最终使那家酒店与公司达成了共识，实现了双方的长期合作，王经理因此也实现了谈判目的。

巧手点金

1. 谈判时能不能让对方坐下来谈下去，首先要看你是否充满热情

谈判能不能成功最基本的要素是谈判态度是否热情。热情占销售谈判能力的50%甚至更多。对于谈判来说，也可以说是一种热情的传递。当你把自己对产品或服务的热情传递到客户的脑海和心灵后，水到渠成，产品就自然销售出去了。当你把这种情绪传递给现有客户或者潜在客户时，客

户购买中的犹豫就会消失殆尽。

对于销售谈判者来讲，“保持热情”是销售谈判能否成功的一个至关重要的因素。这时，你的状态应该时刻都处于兴奋之中，才能热情地向客户解释他们为什么应该购买你的产品或服务。如果你在销售谈判过程中的状态不够兴奋和热情，你就无法说服客户买你的产品。

销售谈判者要善于展示自己的热情，与客户会面时应大方有礼。因为，热情与经过刻意掩饰的紧张是完全不同的，热情可以在谈判双方之间搭起一座沟通的桥梁，而紧张只会使双方更加疏远。向客户展示热情并非要求你热烈地拥抱客户、握手多少次，或喋喋不休地恭维对方的穿着等，而是要点燃发自心底的热情之火，去感化对方。

2. 谈判时能不能让对方坐下来谈下去，要看你是否能让对方对你“常驻心房”

让对方对你“常驻心房”，就是通过一系列的方法，使客户心中始终存在对你的良好印象，一旦他们需要时就会想到你。这种方法的特点是：能让你成为双方谈判流程中的一部分，客户会把你视为善意协助的专家，当在客户有需要的场合下，能为客户安排最合适的产品和最周到的服务。如果你在客户心中没有占据一个位置，那么当客户在需要的时候就不会先想到你，而将业务交由别人去做。在客户的心里占有一个位置是非常重要的，它可以让你的销售谈判有一个较为稳定的状况，使你不会错过每一次销售谈判的机会。

怎样才能创造“常驻心房”的营销活动呢？销售谈判人员首先要掌握客户的购买周期及时间表；其次，销售谈判人员应建立并运用一个沟通计划，在适当的时候向你的客户提醒各项重要事件，这样，让你的客户在感到你关心他的同时还会加强对你的好的印象；在提醒客户重要活动的同时，绝不能放弃任何一个潜在的谈判机会。

与客户建立良好关系最重要的是抓住时机。如果你已经找出关键的客户接触点，那么你也可以找出哪些时候是收集客户资料的最佳时期。你要尽可能地将你与客户的沟通内容与他生命中的重要事件联系在一起，只有这样，客户才会对你有深刻的印象，才能真诚地与你合作。

实战指南

谈判时要让对方坐下来谈下去需要把握以下几个方面。

相信自己的产品或服务，找出产品能够使客户满意的独一无二的特征。

与对产品比较满意的现有客户保持沟通，听听他们的正面评论。

热情具有感染力，保持热情最有效的方法就是与热情积极的人保持联系。

行为魅力也尤为重要，所以你要随时审视自己的行为是否具有吸引力。

谨慎：投石问路，步步为营

你能听出对方在谈判中的话外之音吗？

谈判中怎么在双方的磋商交流中探测对方的底细？

销售人员应该如何避免挫折心理的产生呢？

假如对方要买下你全部的产品，你会为其降价吗？

你会向对方投出“石头”，让他们想要拒绝回答又不容易拒绝吗？

在谈判中，怎么才能做到真正的投石问路呢？

谈判中的投石问路策略是由于对方设防严密，谈判一方经过调查摸底仍然无法探明对方的虚实，掌握对方的心理；而对方又处处设防，不露底细，步步为营，使对手无从下手。在这种情况下，谈判人员不妨虚报底价，借以投石问路，来扭转因情况不明而无从下手的局面。

投石问路这种方法可以运用到很多地方，当你遇到这样的情况的时候，有很多谈判对象供你选择，可是你只能选择其一，到底该选择哪一个呢？这时候投石问路的技巧就是一个探测器，它会帮你探清对方的虚实，这样你就可以在寻找最佳谈判对手时毫不费力。而在谈判进行时，运用投石问路的方法去探测谈判对手的谈判立场和态度，会起到更好的效果。

投石问路的方法也分为很多种类，在谈判过程中，一些谈判者会采用秘讯、谣言、故意泄露“秘密”等方法去测探对方的态度与反应。其实，通过这些方法来投石问路，有很多的好处，就算对方忽略了或拒绝了，也不至于失掉面子或者使谈判实力受损。

运用任何技巧事先都必须进行精心的策划和准备，这样才可以做到有的放矢。这块“石头”究竟投向何方，怎么投，一定要做到心中有数。当对方投出“石头”后，自己就应该准备相应的应对策略，这些策略包括：①理清对方的谈判动机。很多谈判者与你交往并不都是为了试探一下是否能从你这里得到什么有用的信息，他们谈判仅仅是为了收集情报，摸索行情。一旦碰到这样的对手，就要马上终止谈判，因为这样的谈判是毫无意义的。②在谈判过程中，对方找借口向你索要多种产品的清单，这时候你一定要小心了，你必须搞清楚对方的真正目的，而且你一定要在对方真正感兴趣的产品和数量上大做文章，不要掉入对方投石问路的陷阱里。③不要对对方的“如果……那么……”或者“假如……就……”等话感兴趣，这种说话方式意味着对方正在进行投石问路的“阴谋”。

案例实操

投石问路，循序渐进

何远想买2000台电视机。他通过朋友介绍找到了一个卖主，在见到卖主之后，何远先生并没有直接提出自己的要求，而是问："要是我买500台电视机，那每台电视机多少钱？"

这个卖主不做任何犹豫地回答："2500元。"

何远听到这个答案后，不动声色地问道："如果我要购买2000台呢？"

卖主回答说："那也许会便宜些！"

何远听了这个答案后，眼珠子一转，接着问道："如果我要购买5000台，10000台，价格又会怎么呢？"

卖主回答说："我们需要合计一下，然后再给你答案。"

当卖主的标价单下来后，聪明的何远就从标价上发现了许多有用的信息。何远通过分析，大致估计出卖主的生产成本、设备费用的分摊情况，以及生产的能力和价格政策等。这样，何远就可以在谈判的时候游刃有余，不用花很多冤枉钱，在与对方讨价还价的过程中就可以"有的放矢"。

在谈判过程中，老成的谈判者总是运用这种方法获取更多的信息，然后进行比较、分析、判断，这样便可以为快速、准确地制订最佳的谈判方案提供依据。在谈判过程中，谈判者手中可以投出的"石子"有很多，当然未必每一块石子都会见效。所以石子要多投，并且是有技巧的投，这样就可以让对方防不胜防。在谈判过程中可以问一些问题，比如："如果我们订货的数量加倍，或者减半呢？""如果我们和你签订一年的合同呢？""如果我们增加（减少）保证金呢？""如果我们自己供给材料呢？""如果我们自己供给工具呢？""如果我们让你在淡季接下这项订单呢?”“如果我们自己提供技术援助呢?”“如果我们买下你全部的产品呢?”“如果我们和你签订5年的合同呢?”“如果我们要好几种产品，不只购买一种呢?”

在谈判过程中要把“假如”这样假设性太强的词放到一边不说，因为这样的探究表现得太明显，会引起对方的警惕心。这些不断投出的“石头”会使对方神经高度紧张，但他们想要拒绝回答又很不容易的。因此，往往很容易就会向你亮出底牌。

在运用投石问路的策略时，谈判者可以利用一些对对方具有吸引力或启发性的话题与对方进行交流，借以捉摸和探测对方的谈判立场和态度。

巧手点金

1. 谈判中，要想做到投石问路，就要练就“一笑了之”的豁达心态

作为销售谈判人员，也许你有过这样的经历，在你的谈判过程中，遇到意想不到的阻碍，令你觉得情况严重。比如说，我们都知道事先准备妥当的重要性，尤其是当你想在客户面前做一些现场展示时，千万不能出错。为此，你在出门前，总是会再检查一遍，例如：油箱加满了吗？电压开关是否调到220伏的位置？是否带足了各种材料以便展示样品……

然而，百密总会有一疏，事情总不能做到完美，就算你是最顶尖的谈判人员也不例外。在人的一生中，总会有几次意外，比如：你在现场展示中忽然忘词儿了；当你正在施加拉力以证明产品所使用的材料具有高强度的时候，却没想到产品爆裂断掉了；当你打开一瓶葡萄酒时，喷出的葡萄酒洒到了别人的身上；当你要使用投影仪时，灯泡突然烧坏，却没有带备用的……

错误是谁都不想有的，可是谁也不是超人。如果你从来没有在展示时出过错，那也只能证明你在销售谈判中的资历不是很深。

很多资深销售人员在谈起谈判时，都把关注点集中到如何提高谈判技巧上，谈判技巧成为销售谈判的重要秘诀，而除了技巧的运用之外，影响谈判成功的更多因素是销售人员谈判的心态。

狄更斯曾经说过："一个健全的心态比一百种智慧都有力量。"作为销售谈判人员，更应该注重心态问题，拥有什么样的心态，就会取得什么样的业绩。很多成功的销售人员在谈判成功时，总会有这样一个共识——业绩不会总是受命运的摆布，而是由心态来掌管。学会以积极的心态应对一切，聪明和才智才会随之而来。

2. 谈判中，要想做到投石问路，就要磨炼恒心，绝不半途而废

每个人总会有失意的时候，成功与不成功的区别在于怎样面对失败。有很多人会失败很多次，在失败的时候要做最聪明的选择，这时候选择放弃也许是最简便的做法，而且生活中大部分人就是这么办的。

作为销售谈判人员，要尽最大的努力与客户接触，尽力说服客户购买自己的产品，而不是轻言放弃。

在谈判的过程中，销售人员经常会被客户拒绝，在吃到"闭门羹"的时候，销售人员能否用一种平和的心态来看待吃"闭门羹"这件事情呢？其实，对于销售谈判人员来说，大多时候，第一、二次是很难谈成生意的，在这个时候一定要敢于面对被拒绝的挫折，并且用你真诚的心来使客户敞开自己的心扉，这样客户才会与你更加亲近，得到客户的信任有助于销售谈判的进行。

最伟大的销售谈判人员往往是遭受挫折次数最多的人。但是要记住，失败乃人生常态，一定要相信成功就在不远处向你招手。

在谈判中，销售人员不要直接停下来去反驳对方的决定，而是要设法找出促成对方购买决心的那些因素，在谈判的时候总是向客户强调说："噢，对啦，我还有一点没给您讲清楚呢。"接着便展开另一个谈判要点。这种销售方法的结果是大部分顾客都会在销售员的坚持面前让了步，会为他的这种不达目的不罢休的精神所感动，从而心甘情愿购买他的商品。

事实上，挫折感无疑是一个人在实现预定目标的过程中，面对种种干扰和阻碍，进而使自己产生消极敌对的情绪状态。所以，从这个意义上来说，挫折感其实就是一种情绪心理，它总是会让人感觉压抑，如果不去调整和忘记，就会使自己丧失信心和热情。因此销售人员要用一颗坚强的心去面对挫折，从而避免挫折感的产生。

实战指南

在谈判中，对付投石问路策略，可以注意以下几点。

找出买主的真正需要。因为买方提出那么多"如果"，绝不会有那么多选择。

并不需要回答每一个问题，并且不要对对方提出的"如果"马上估价，应该给自己留有充分的时间，问清楚对方到底需要什么样的订货，能出价多少。

立即反问对方是否准备马上订货，如需订货，可要求买主提供保证，以利于交易的顺利实现。

嘲笑自己的错误，很多时候，一笑置之是最好的摆脱尴尬的方法，自嘲一下可以使你从窘迫的情况中跳出来。

位置：一开始就抬高起点

你是否可以用一个人的头衔、知名度来判断他的实力，衡量他的社会地位？

怎样把自己所具有的头衔巧妙地告诉对方，又避免自我吹捧，“王婆自夸”之嫌呢？

怎么才能直接而鲜明地体现己方的经济实力、经营理念和社会地位呢？

谈判者在谈判的各个阶段怎么才能不遗余力地把你的实力最充分地展示给对方？

你是否考虑到一开始就抬高起点，可能会出现一些负面影响呢？

如果出现负面影响，你能承担得起吗？

在谈判开始时，一定要采用虚张声势的技巧，虚张声势是指抬高起点，在采用这个技巧的时候，销售人员不要害怕给别人留下“有些厚脸皮”的印象。

如果销售人员觉得自己的价格合理，而对方却不怎么认同，此时，销售人员一定要解释自己的出价是合理的，如果谈判对手坚持认为价格不合理，并且希望你作出让步，而你觉得最初的要价比较合理所以坚决不再考虑让步的问题，对方就会觉得你是一个“执著于自己的利益、顽固透顶的人”，这样就很可能导致谈判的失败。

那么，该如何做呢？在谈判过程中，是要做一些能动性的让步的。最好的做法是提前留有让步的余地。当谈判对手要求让步时，你可以让步，而当客户看到你愿意做出让步，心情就会愉快，此时客户很有可能也会做出相应的让步。然而，许多人会觉得这样的谈判比较麻烦。

谈判的时候，有这样一种技巧，你一开始为谈判对手做出让步，他们是不会直接接受的。在多数情况下，客户会在自己的出价与报价之间再出价。这样一来，如果你一开始就做出过分的让步，其实是损害了自己的利益。

既然“虚张声势”的手段如此重要，那就值得销售员认真揣摩，在谈判的时候，小心探悉谈判对手的内心。进行谈判时，一定要记住：起点要高，让步要慢。

案例实操

借名扬名，抬高起点

谈判之初，几位顾客观看了售货员对产品性能的展示。

售货员问道：“您看还符合您的要求吗?”

老张：“不错，基本符合。”

小李：“与我们以前购买的产品相比还算可以，有了一些改进。”

小王：“我参加过世博，你们的产品和博览会上展示的产品相比，还是有一定差距的，不过基本上符合我们的要求。”

谈判间隙，与前来谈判的对手套近乎。

老张：“小王，你的口才真令我钦佩。”

小李：“你让我想起了两年前与我们谈判的一位美籍商人，他可是赫赫有名的企业家。”

小王：“你是我在谈判的有生之年遇过的最强劲的对手。老兄，手下留情啊。”

在上述例子中，小王、小李的发言都在回答对方的同时巧妙地介绍了自己的经历，抬高了自身的身份、地位，彰显了实力，使对方不由得刮目相看。达到了既介绍己方又彰显自己实力的目的。但要特别注意所炫耀的必须是亲身经历，切不可虚伪应付。否则，一旦“穿帮”，你就会名誉扫地。

上述案例中，都是在介绍己方的情况时，通过介绍谈判者的头衔、炫耀谈判者经历的方式来彰显自己的实力，恰到好处地将己方所属的企业、组织以及本方产品的社会地位透露给对方，令对方肃然起敬，在潜意识中开始让步。这就是所谓的借名扬名，通常是谈判者在介绍己方情况时常用的一种技巧。其中“名”不仅包括组织、团体的名，同时也包括社会上知名人士的名。

巧手点金

1. 谈判一开始想要抬高起点，首先要自我肯定，让自己高大起来

谈判中，人们总是喜欢将自己和对方的实力进行比较。从而发现自己和他人的差距，更加了解自己的优缺点，并激发自己的上进心，向比自己优秀的对手学习，不断地提升自己，这是积极的作用。但如果在比较过程中找错了对象，选错了方法，比如，用自己的优点与别人的缺点进行比较，和用自己的缺点与别人的优点进行比较，其产生的结果是截然不同的。这种情况下，就产生了消极的影响。

所以在销售谈判中，谈判者应该进行合理的比较，而非胡乱对比，给自己造成巨大的挫伤和打击。只有正确地认识和评估自己才能找准自己的位置，做好自己的工作。

在销售谈判工作中，通用的一种方式是通过业绩的对比来对销售人员进行评价。领先的人继续努力，落后的人奋起直追，大家都为了能做出更好的成绩而不懈努力。切不可面对自己平平的业绩就失去信心，甚至妄自菲薄。

很多时候，销售人员会因为自己家庭条件不优越、经济收入不多、文化水平不高、社会地位低下等因素而在无形之中否定自己，因自己的现状而感到自卑，导致在销售时便缺乏了应有的自信，变得懦弱和谦卑。由此来看，妄自菲薄是一种消极的心理反应。

因此，销售人员在面对与他人的差距时，千万不能妄自菲薄、自暴自弃，而应该正确地认识和评价自己，用奋起直追代替自怨自艾。就算花费更多的时间和精力，流更多的汗水和泪水去换取进步，也不能临阵脱逃，在还没到达战场就宣告撤退。

2. 谈判一开始想要抬高起点，就要鼓起勇气，战胜怯场

不畏惧是优秀的销售谈判人员应具备的心理素质。在销售谈判职业生涯中，头号杀手既不是商品的价格，也不是宏观的经济萧条，甚至不是竞争对手的策略或拒绝见面的客户，专家认为，胆怯心理才是真正阻碍销售人员成功的杀手。

敢于推销自己是销售人员应有的素养，同时更要愿意自我推销，最大限度地争取到别人的认可。其实，只要你肯勇敢地迈出第一步，之后的困难就会迎刃而解。只要你做到以下几点，一定会克服恐惧心理。

（1）相信自己。自信心是事业成功的基石。在销售中，相信自己不仅仅意味着相信自己的办事能力，而且相信自己选择销售事业的正确性，相信自己的工作可以为他人带去健康、财富和事业，相信自己是把产品和爱心和朋友们分享。只要这样，你才会自然洒脱地走向陌生人。

（2）评估对方。初次见面的两个人往往都很在乎对方对自己的评价。而作为销售人员，如果时时只站在自己的立场上，心理上就会患得患失，备感压力，就会显得紧张无措。所以，莫不如暂时忘记自己，反过来评价对方：对方的表情、服装、说话神态，对方的缺点都是值得你去观察的对象。这样，你就能化被动为主动，站在与对方平等的角度，大大减少压迫感与恐惧感。

实战指南

谈判一开始就要抬高起点，应该注意以下几个方面。

大声说话。在初次见面的场合，你不妨试着尽量放开声音，大声交谈，有力地握住对方的手，开个无伤大雅的玩笑或爽朗地大笑，都会使紧张的心理迅速缓解，害怕与畏缩也就被抛到九霄云外了。

心情放松。我们的生活中总会有些日常琐事让人烦躁不安，但请你千万记住：不愉快的情绪会带给对方不愉快的印象。因此，在和陌生人会面时，一定要抛开不顺心的事，让心情飞扬起来，把一个快快乐乐的你呈现在别人面前。

看淡得失。与人交往时，希望马上达到目的，往往会欲速则不达，反而因急于求成而显得慌乱、僵硬，使自己窘态毕现，无法发挥实力。

量化：将自己的观点“金钱化”

你做好将自己的观点“金钱化”的准备了吗？

谈判的目的就是为了把产品和服务“金钱化”吗？

这次谈判双方到底能赚到多少钱，你有明确的数值吗？

对于谈判对手的损失或受益，一定要用实际的金额陈述出来吗？

将自己的观点“金钱化”，是否会出现一些负面作用而影响谈判效果呢？

如果在谈判桌上试图用固执己见去使对方信服，这种做法就好比两条平行线的无限延伸，永远触碰不到解决办法的交集。在这种情况下，很少有突然会意识到“哦，原来是这样”“我错了，你才是正确的”的对手，你只会遭到对手强烈的反驳。对于谈判对手的损失或受益，务必要用实际的金额陈述出来。这就是所谓的“观点金钱化”。

将自己的观点“金钱化”后，使他们认识到接受自己的观点，将自己的看法表达出来让对手主动接受比强迫更为有效，从而获得更大的金钱和利益。而且，一定要尽可能地使他们了解到自己将具体得到的利益是非常重要的。

消费者购买商品的目的通常是出于获得高于所支付费用的利益。例如，A 公司为什么愿意花费 2300 万元购买一种新型的电脑服务系统呢？这是因为新的电脑服务系统的处理能力要比以前的服务系统高出好几十倍，使用这种服务系统，工作的效率会因此而提高几百倍，而处理了更多的工作就会带来高出 3000 万元的利益。A 公司无疑算好了这笔账。某家公司为什么会从其他公司挖走年薪 1200 万元的营业员呢？这是因为他们明白，如果雇用了这名营业员，他每年能够增加销售额，从而为公司带来高出 1200 万元的利益。汽车零售商愿意从导航系统商那里花费单价 10 万元引进汽车 GPS 导航系统，这又是为什么呢？是因为带 GPS 导航系统功能的汽车，平均每辆能够以增加 6 万元以上的价格卖出。因此，在看待问题时，一定要养成这种思维方式的习惯。在进行谈判时，一定要通过“可以获利 ××万元”的方式，将自己的观点数据化、金钱化，然后向谈判对手进行陈述。

案例实操

将自己的观点“金钱化”后，表达出来

王先生在韩国经营的一家销售公司，一直比较惨淡，长年出现赤字，几千名员工的工资也一直拖欠着。不满的情绪日益高涨，不断有员工要求

加薪，公司的业绩更是每况愈下，已然面临倒闭的危机，想要为全体员工全面加薪根本不可能实现。尽管公司已经进行了多次的裁员，但为了维持公司的正常运转，已经无法再解雇其他员工了。对于此时的王先生而言真是一项巨大的挑战。他非但没有为全体员工加薪，反而宣布全面降薪3%。消息一出，员工的不满情绪完全爆发出来。员工们对迟迟不肯加薪已经普遍感到不满，怎能容忍降薪呢？更多的员工因此失去了工作的主动性，导致整个工厂几乎处于瘫痪状态。

尽管如此，依然少有人提出辞职。或许是因为当时正处于经济危机，新工作又不容易找到吧。又过了五天，王先生面向全体员工宣布："最近五天里，我茶不思饭不想，认真地考虑了我们员工的情况，和公司各部门进行协商后，我决定放弃降薪3%的决定，公司将不再计划降薪。至于降低公司生产成本的问题，我们会找到其他解决的途径。"已经做好降薪3%准备的员工们，一下子安下心来，想必他们认为："王先生还是会设身处地地为我们的生活考虑的，是位靠得住的好老板，让我们努力工作吧。"

但是别忘了员工们最初的目标是能够"加薪"，而王先生的最终目的正是"维持现状"。如果王先生一开始便冷淡地说出"目前公司入不敷出，经营惨淡，加薪非常困难，请大家还是既来之则安之吧"这样的话，尽管结局可能是一样的，但员工们仍然会抱着不满的情绪去工作。事实上，王先生并没有这样说，他采取了一种"厚脸皮"的手段，首先通过扬言"降薪3%"，打击员工们理想中的目标，几日后又维持了现状。他的这个"小手段"既没有损害到员工们的积极性，又最终实现了自己的目的，不愧是驰骋沙场的老将。

这个案例中王先生将自己的观点"金钱化"后，与强迫员工接受降薪的观点相对比，使员工们认识到接受自己的观点后能够获得更大的金钱利益，这样会更为有效。

巧手点金

1. 谈判中报价的基本原则：报最高可行价

考察某一特定的谈判，总有一条清晰的线索贯穿始终，不管是什么性质，也不管延续多长时间。它会呈现出明显的阶段性，一般而言谈判要经历以下四个阶段：开局、报价、磋商、成交。

报价的基本原则是报最高可行价。首先，报价一定要高，特别是第一次报价，要震住对方，争取通过第一次报价就打击对方的自信心和期望值，从而为后面的谈判减少压力。谈判实践证明：报价和成交价存在着一种正向关系。报价越高，成交价也越高；报价低，成交价也低。另外，报价一定要可行。从某种程度而言，就要是让对方也要有利可图。过高的、让对方一无所获的报价是万万不可的，太高的报价会让对方认为没有成交的诚意。

谈判者除了要掌握报价的原则，熟知一些报价的技巧和方法也是有必要的。报价要坚决果断地让对方看到你的信心，使该价格得到一个强有力的支持。报价要清楚明确，不能用“左右”“大概”“上下”“差不多”等词，这样的报价让人听起来好像还有讨价还价的余地。报价时无须向对方做任何解释和说明，如果你的报价是合情合理的，就没有必要对合乎情理的事情进行解释。只有当对方不同意你的报价或要求你进行价格解释时，才能对自己的报价进行解释，且要合理。报价之前要给自己设定好一个最低可接受价，也就是防御点。防御点之下坚决不能卖给对方。

2. 谈判中将自己的观点“金钱化”，要学会讨价还价

讨价还价即磋商，它是谈判中最困难、最紧张的阶段。在谈判学中，讨价和还价是两个不同的概念。以买方为例，讨价是指卖方重新报价，还价是指买方报出自己希望成交的价格。每个谈判者都要经过这两个阶段，

否则会破坏谈判双方的满足感。

讨价还价的基本原则：千万不要接受对方的第一次报价，就算这个价格已经对你十分有利。

成就感的获得和两个因素有关：第一，对方获得多大的让步，这要通过一定策略的高报价来实现；第二，该让步是如何得到的，这主要是通过掌控谈判过程，增加谈判的难度来实现。如果两人都以一样的价格成交，那么谈判高手会让买家觉得他赢了，而拙劣的谈判者让买家认为他输了。

讨价还价的方法和步骤：①要求对方进行价格解释；②先逐项讨价，再总体讨价；③逐项讨价时应先从对方报价中水分最大的部分或最不合理的部分进行讨价；④多讨几次价才还价。对买方而言，若讨价还价能得到卖方再一次报出的改善价，是非常有利的，讨价次数越多，越有利。但对卖方而言，为维护自己的利益，通常是在做了一次让步后就不愿意再报价，而是要求买方还价。对卖方而言，不要轻易给对方讨价还价的机会，这被实力谈判理论专家温克勒视为谈判的第一大禁忌。

实战指南

谈判时要将自己的观点“金钱化”，必须注意以下几个方面。

观点“金钱化”谈判的最终目的是为了实现双赢。

在现实谈判中，买家想要最低价格，而卖家想要最高价格，这种抱有不同目的的双方是不可能实现真正的“金钱化”双赢的。

你对对方及其需求了解的越多，就越能够调整你的报价，但是这种做法的不利之处在于，如果对方不了解你的最初报价，可能就会令对方望而生畏，甚至当你的态度出现“买就买，不买拉倒”时，那么谈判可能会出现僵局。

突破：对方没有的权限就是突破口

对方说没有权限，你是否考虑过是真的没有权限吗?

要把握谈判主动权，应该怎样找准突破口呢?

对方没有的权限你已经了解了吗?

当对方的谈判者地位没有我们高，也没什么权限时，该如何应对?

对方的权限限制有助于我们寻找突破口、谈判成功吗?

谈判的突破口与谈判权限有什么样的关系呢?

在谈判之前，最好先了解和判断对方的权限。一旦谈判未能达成协议，你可以终止当日谈判，他日再决定是否接受对方高额的支付要求。对于达成和解的要求，如果不能决断，可以改日、经过深思熟虑之后再作答复。若届时仍然能答应对方高额的支付要求，那才无可厚非。

同理，在购买某一商品时。作为卖方，肯定想知道买方的预算为多少，据此最大限度地赚取利润。那么作为买方，就必须坚持自己的预算。此外，为了使自己的出价不超过预算，拥有最终决定权的人就不能露面。这时应该把谈判交给其他人来完成。

一天的唇枪舌战结束后，结果对方只能告诉你，一切还要等上级的最后裁定，那么你所做的让步就等于零。你既然已经摊开了底牌，那么对方就会在第二天提出更多的要求，万一无法避免地，你必须和一个没有职权的职员交涉，在做法上应该：①尽量小气，一毛不拔；②告知对方，你也有重新考虑条件内容的权利；③在策略的应用上，你可以捏造一个顶头上司，万一在事后才发现不符合自己的最大利益，那就可以抬出来作为挡箭牌，用来延缓协议，或临阵脱逃。

案例实操

一方所没有的权限是谈判的突破口

冯先生对自己的住房进行装修时，他想把自己的地板和厨房进行翻新，预算是7万元。因此，冯先生就告诉工程队："预算为7万元。"但是，听到冯先生的交代后，工程队的负责人就估计："冯先生最终可能会支出9万元吧！"于是在工程进展过程中，他不断劝说道"翻新一下屋顶吧""墙壁如不使用隔热材料是不行的"等。

他还称如果不进行这些工程，房屋可能就会因此而受到损害，房屋的性能也会急剧下降。冯先生曾经说过："预算是7万元。我的支出不会超过这一数字的。"但是，工程负责人却不断地劝告他"房屋的价值会贬值"，结果导致不得不追加新的工程，其费用也达到了9万元，冯先生非常为难。当然，冯先生也只好让他们完成这些9万元的工程，但家中的经济状况就有些紧张了。

如果一开始冯先生知道这些的话，恐怕他会降低厨房的翻新标准，或者推迟部分工程。这样，就可以保证"支出不超过7万元"了。但正是因为拥有最终决定权的冯先生直接同工程负责人进行了交谈，所以才会沦落到这种窘迫境地。那么，一开始冯先生到底该怎么办呢？

他完全可以让他的夫人去转达，告诉工程的负责人自己的预算。这样一来，结果就会截然不同。"我没有从支出7万元增加到支出9万元的决定权，都是我丈夫说了算的。不过，我丈夫说过'不能超过7万元'的。你们想办法在7万元以内完成工程吧。"对没有决定权的夫人劝说再多都是徒劳。从而工程队自然会放弃增加费用，想办法在7万元以内完成工程。说不定不仅能够完成厨房的翻新，还能够修缮屋顶、在墙中加入隔热材料呢！因此拥有决定权的人不露面，而让没有决定权的人前去谈判，有时不失为谈判的良策。

这个案例中，冯先生完全可以扮演那个拥有决定权的人，同时让其夫人扮演没有决定权的人进行谈判，这样也许可以节约那2万元的开支。由此可见，对方没有的权限也许就是谈判的突破口。

巧手点金

1. 与没有权限的谈判者谈判，要学会对峙

僵局就是谈判人之间的对峙。与僵局有关的策略有两种：一是制造谈判僵局的策略，二是打破僵局的策略。谈判者在谈判过程中制造僵局，无非是为了改变已有的谈判形势，从而争取有利的谈判条件。处于不利地位的谈判者，往往利用僵局来改变对自己不利的局面。相反，那些处于平等地位的谈判者，如果仅在势均力敌的情况下无法达到自己的谈判要求，便谋求以制造僵局来提高自己的地位，使对方在僵局的压力下不断降低期望值，从而获取对己方更有利的谈判条件。在制定打破僵局的策略之前，谈判者要认真分析该僵局是由什么原因引起的，是主观因素，还是客观障碍，还是行为失误，抑或偶发因素，这些因素都与他们的权限有关。

谈判者在制造谈判僵局时可以选择的技巧有：第一，在制造僵局之前，应衡量自己是否有控制和打破僵局的能力，如果无法运用有效措施打破僵局，则不应考虑采用制造僵局的策略。第二，从对方的行为寻找形成僵局的条件。第三，僵局不是由对对方进行人身攻击所造成的。第四，在制造谈判僵局之前，谈判者应确信能得到己方高层领导的支持，否则谈判

者制造僵局是十分危险的。

如何打破僵局呢？当谈判处于胶着状态时，谈判的一方应做出适度让步，有可能打破对峙；可以突然提出时间限制，有可能使对方在毫无思想准备的情况下屈服让步；也可以在某一方面向对方做出小的让步，以换取对方在另一些方面向己方让步；向对方指出谈判破裂的后果，特别是破裂对对方更不利时，对方是有很大可能让步的。

2. 与没有权限的谈判者谈判，要掌握足够的信息

信息对谈判就像水对鱼一样重要。有关利益和优先事项的信息影响整合性协议，最优替代方案、地位和其他公平标准的信息影响分配性协议。当谈判人不能理解另一方传达的信息时，整合性潜力就只能留在谈判桌上，谈判就会因此陷入僵局。如果你更喜欢直接共享信息，那么在与喜欢间接信息共享或其他冒着被利用风险的人谈判的时候，就要注意调整自己的策略。直接共享信息的好处是当它完全像我们想象中那样发挥作用的时候，所谓的快速信任感就建立起来了。当谈判双方表明了各自的利益立场，前提是那些利益又得到了尊重时，双方便开始在互利互惠的基础上发展彼此之间的关系。如果没有互惠，那么泄露了最多信息的谈判方就有可能得到最坏的结果。建议是极其有用的，但是提建议并不能快速建立信任，这是因为该过程不需要揭示信息这一首要的敏感步骤。然而它们把整合性与分配性结果联系起来，如果谈判双方对于各自的偏好和优先权乐意开诚布公，那么谈判就很容易达成整合性协议。

3. 与没有权限的谈判者谈判，要学会激励

多数谈判者可能关心自我利益、谈判对方的利益，或延伸到当前谈判桌外的集体利益。因此激励与谈判者利益有关。可以通过谈判者的选拔来激励谈判者，毕竟谈判者可以从参加谈判活动的过程中获得某种利益；也可以通过高目标和好的备选方案激励谈判者去寻找变通的解决办法，进而可能达成整合性协议；当谈判圆满结束后，对谈判班子的成员应给予一定的物质奖励和精神鼓励，调动谈判成员的积极性和创造性。但有一点值得注意的是，在组建谈判班子时，应考虑成员之间在知识结构、性格和能力上的互补性，以及角色的分工与配合策略上的调整，要尽量保证谈判班子内部协调与工作步调一致，充分发挥激励的有效性。

实战指南

谈判时对方没有权限该如何应对的几个方面如下所述。

不能不和对方谈，谈也不能谈正事，要谈就谈些闲事，然后从中挖掘信息，以备下次谈判。

在谈判中，不要有不善于谈判的观念。当你忐忑不安时，你的对手同样会战战兢兢，所以不要有“逃跑”的念头，要从容地迎接谈判。

谈判是要面临风险的。所以不要担心谈判失败，如果失败了，就当作是成长的“学费”。

所谓谈判，是一种对等的游戏。即使对手看起来不及自己，也不能小看对手；相反的，即使对手看起来非常强大，也不应该唯对手马首是瞻。

你最应该优先考虑的，是你自己的谈判目的。不要总想着让对手原谅自己的失误，也没有必要专门向对手传达对自己不利的信息。

第四章　一定要拥有胜过对手的力量

——中局博弈的策略与技巧

谈判是一场战争，当前期战略确定、情报到手、粮草准备充裕的时候，就到了该上战场的时候了。这个阶段无疑是战争中真刀实枪的战场拼杀阶段。这一阶段考验的是我们的战术执行能力、战场应变能力和单兵作战能力。如果我们能将这三个方面发挥好，并使其互为补足，即使是以弱对强，也有战胜对手的可能。

实操：造成事实要赖到底

你明白你的对手为什么会撒那么低级的谎吗？

你知道怎样拆穿对手的“谎言”最好吗？

你是否也曾试图用“谎言”来解决问题？

你是否有过“谎言”被拆穿的尴尬？

你做好了“谎言”被拆穿后下台的准备了吗？

你能让谈判在自己的意愿下进行吗？

由于谈判行为本身所具有的利己性、复杂性、手段性，谈判者很可能钻概念和标准的空子，用模糊的事实论据掩护自己、迷惑对手，我们把这种迷惑对手的谈判技巧叫做耍赖。

这里所说的耍赖，决不是如孩子在父母面前那种依赖式的撒娇般耍赖，更不是如小混混一般不顾及是非的撒泼式耍赖，这里所说的耍赖是有理可依、有据可循的耍赖。具体来说，就是在证实己方观点的过程中，钻概念和标准的空子，把模糊的事实论据中有利于己方的部分放大，不利于己方的部分尽量掩盖，而将有利于对方的部分尽量缩小。

需要注意的是，在这个过程中，我们运用的一切都是要有根据的，因为我们耍赖的目的是造成事实，让对手信服，而且这里的服比信还要重要。所以我们不但要让自己耍的赖有根据，而且还要很有说服力。只有对方信服了，我们才算是耍赖成功，才能在谈判中处于优势，否则反而会让己方陷于被动。

当然，有时候我们也会战术性地留些明显的漏洞给对手，但这样做通常都会有明显的目的性，比如用对方的反驳论据反驳对方的一些立场，或者用对方的反驳将对方的注意力引到我方更加看重的问题上来等。

案例实操

中日电器谈判

中国某公司向从日本的某电器公司采购一批电器，就此问题，日方派谈判代表来中国与中方进行了一次谈判，双方的谈判主要是围绕价格问题展开的。

布局阶段：先由卖方也就是日本的电器公司进行报价，他们的首次报价为总价2亿日元。他们的依据是他们之前的销售都是按照这个价格进行的。中方对这一报价表示难以接受，原因是目前国际上的电器价格已经在明显下降，还以以前的价格做谈判条件是不妥的。其实日方报价对中方的质疑早有准备，他们之所以报这么悬殊的价格，一是觉得如果中方对国际市场的行情了解稍微滞后，那么他们便可从谈判中牟取暴利，如果中方有了解，那么他们自然已经准备好了预备方案。于是日方转而执行预备方案，现场对产品的特点及其优良的品质做详细的介绍。日方试图用第二套方案征服中方，这样既避免了自己抬高报价的尴尬，又将其产品高价的理念和原因灌输给了中方，可以清楚地看到，日方在谈判之前做了精心的准备。

中方自然也是有备而来，谈判前，中方不仅对国际形势进行了充分的考察，而且也对日方产品的性能、质量、特点做了深入的研究，不仅如此，中方同时也对其竞争对手的产品情况有了很详细的了解。因此，中方对日方的谈判意图自然已经了然于心，便故做求教地问："不知贵公司的产品哪些方面优于A国或者B国的产品?"此问一出，日方感觉到了中方谈判准备充分，并且感觉到了竞争的压力，日方于是提出休会，说要请示一下公司，看价格上还能不能再做调整。

谈判再次开始，日方再次报价：他们表示经过己方的努力，公司同意降价10%，并声称这个价格已经是他们报过的最低价格了，并要求中方考虑。中方综合国际形势和同类产品的价格，认为日方此次报价的水分依然很大，中方要求日方在原来的基础上降30%，这样才有成交的可能。日方对此价格一口回绝，并说明这个价格很难成交。双方在此阶段陷入僵局，彼此都坚持自己的条件不肯让步。此时，中方亮出了撒手锏，中方首先说明此次采购日方只是首选公司，同时也在接触A国的某公司和B国的某公司，接着中方指出，中国的报价是在考虑了日方产品的加工和运输成本之后得出的，日方的利润空间，中方已有预留。然后说明中方在这一领域的外汇使用有明文规定，超出规定范围，运作手续会很烦琐。最后中方拿出了最后的王牌：A国和B国邀请中方谈判的电传，以及中方在外汇使用上的批文。日方彻底失去了讨价还价的砝码，综合考虑还是成交对己方有利，最终按照中方的要求又降了25%而成交。

这个案例淋漓尽致地展现了双方造成事实及耍赖能力的对决。客观地说，日方代表做了很充分的准备，起初报价就是耍赖技巧的应用，目的是通过中方的质疑为己方做产品的现场宣传开头，从而达到高价成交的目的。他们耍赖的能力可谓炉火纯青，不但做到了耍赖有据可依，被揭穿之后的下台对策也应用的恰到好处。

反过来说中方，中方显然也做了充足的准备，你耍赖，我就将计就计，我从另一个角度耍赖，造出我还有其他选择的优势，而且做得更加逼真，有 A 国和 B 国的电传做证据，要赖要得更是无话可说，因为中方有国家外汇使用批文做根据，而且这一批文是强制性的，没的商量。

巧手点金

谈判中要赖的手段是运用最普遍的手段，掌握一些常见的要赖手段，不但能使己方在谈判中要赖要得得心应手，还能轻易识破对手的手段，从而作出合理的应对。

1. 常见的要赖手段

（1）巧用先例，蒙混过关：如案例中日方的第一次报价就是用得这个方法，这个方法适用于对市场太敏感或者对相关行业了解比较少的对手。

（2）变换身份，巧设影子：就是明明自己能够决策，却说要请示上级，明明自己做不了主，却说是条件无法接受，虚虚实实迷惑对手。这个方法几乎适用于任何对手，具体情况要谈判员斟酌情况而行。案例中日方借口请示总经理用的就是这个方法。

（3）含糊概念，淡化事实：比如这句话“产品合格率 90% 以上”改称“产品合格率接近 100%”。

（4）活用竞争，打压对手：比如案例中中方用 A 国、B 国的电传，给对方施压。

（5）故做无知，装傻充愣：此方法与方法一适用的范围差不多，但此方法使用须十分谨慎，以免掉进对手圈套。比如明知道同类产品在市场上已开始降价，却故意装出对市场不敏感，还沿用降价前的市场价格。

（6）偷梁换柱，问题转嫁：对方把他的问题转嫁到我方的头上，让它成为我方的问题，从而节外生枝，为我方带来麻烦。

2. 谈判中耍赖技巧的注意事项

（1）要有根据，如案例中所说，日方的耍赖手段的依据就是以往有这样的销售先例。

（2）你的根据越有说服力越好，中方耍赖为什么最后能够成功，原因就在于中方的理由更有说服力，既有 A 国、B 国的电传，也有我国外汇使用的批文。

（3）要有应急方案，案例中日方最大的败笔即在于此，己方的耍赖技巧被对方识破，如何应对这种变化呢，最好的办法就是有应急方案。

（4）耍赖不能过，如果说日方在耍赖的过程中还有什么问题的话，那就是耍赖耍得有些过了，日方代表的借故离场正是一种过头后无奈的下台之策，这种过头的耍赖反而适得其反，让中方处于一种绝对的优势之中。

实战指南

想要在谈判过程中真正做到拥有一双分辨真假的慧眼要做到以下几点。

详细了解对手产品的特点和其竞争对手的产品特点。

认真研究相关行业的国际形势及价格行情、技术特点等。

要充分掌握相关行业的专业知识。

要尽量多的掌握对手信息，比如对手公司的发展阶段、近期目标等。

直击：直接挑战对方的“决策人物”

你知道谈判有时候只需要征服一两个人吗？

你能找到谈判过程中的捷径吗？

如果对方的决策人物很难搞定，你知道变通的方法吗？

如何应对对方的那句“这个问题我做不了主”？

你知道怎样征服对方的决策人物吗？

在谈判中，每一名谈判代表在企业中都会有相应的职务和权力，市场部经理和副总经理相比，你会更愿意跟后者谈，因为从名片的职务上看，副总经理肯定比市场部经理的权力要大，其实事情没有这么简单。任何一家企业都会有适合于企业本身管理的组织架构，在两个相同的企业中相同职务的权限也可能有很大的差别，也就是说一位副总经理的权力到底有多大，其实是未知的，所以，不要被名片上的头衔所迷惑，你要找到的是这次谈判真正的决策者。

谈判过程中，对手往往不止一人，这种情况下握有最后决定权的，其实只是其中一人而已。在此，我们把这个人叫“对方决策者”，称其余的谈判员为“对方组员”。“对方决策者”是我们在谈判中需要特别留意的人物，他既然是决策者，必然在对方的阵营中有很高的影响力，他的意见可以左右对方整个团队的意见方向，他决定着整个谈判的走势，所以谈判过程中如果征服了他，也就意味着谈判接近成功了。

但需要特别注意的是，对方的谈判团队是一体的，其中的每个成员都有他们各自的职权，我们不能因为急于说服决策人物而忽略了对方组员的存在，从而使自己的谈判再次陷入不利的局面。

案例实操

出国参展合作

A公司和B公司同是做国内石油设备企业出国参展的组展工作的，因为B公司的广告投入和人力投入更大，相对而言，B公司在业内的知名度更高、影响力更大。C公司是一家做过滤设备出口的企业，他们每年都有十几次出国参展的需求，鉴于B公司的行内影响力，C公司之前出国参加的展会都是跟B公司合作的。

此次A公司和B公司同时了解到，C公司准备参加10月沙特阿拉伯的某展会，由于B公司长期跟C公司合作，所以率先接触其相关负责人并进行了初步谈判，而且初步意向已经达成，只是因为时间尚早合同还没有签。A公司了解到这个情况之后，分析到，如果与B公司走同样的路线，取胜的希望几乎为零，于是A公司决定绕过C公司的出口部经理，直接接触外贸副总，成功的话自然多了个额外客户，失败了自己也没有什么损失。

经过一番努力，终于弄到了外贸副总的联系方式，与其初步电话沟通的结果是：他们的确要去参加此展会，只是时间还早，而且他们已跟B公司合作多年，比较信赖B公司。A公司经过分析觉得，这正是他们的机会。第二次联系C公司，先是介绍了己方与B公司的各自优势，然后，坦诚地说："李总，我知道你们与B公司合作多年，彼此都很信赖，也很熟悉，但正因为如此，你们也失去了对其他公司了解、接触的机会，我们建议您把这次机会给我们。一是我们有更周到的服务，在住和吃上我们考虑得更周全。二是我们两家公司的价位几乎没有差距，即使此次合作我们的服务没能让贵公司满意，您也没有什么损失，相反您了解了同行业的情况，对于您来说以后跟谁合作心里就更有底了。”此时李总提出，这方面的具体情况还是联系他们的出口部经理比较好。对于这个回答，A公司进一步争取：“李总，我们知道，这种业务的决定权在您，我们联系出口部经理，他也得来请示您，所以，只要您觉得没问题了，我们的合作也就基本确立了。”此话一出，李总果然不再推脱，转而与A公司讨论合作的具体内容，最终C公司选择了与A公司进行合作。

案例中A公司代表的成功之处就是找到了对方的决策人物，并从决策人物喜欢卖弄决定权的特点出发，一击征服，使谈判得以顺利达成。

巧手点金

我们为什么一定要强调决策人物呢？不单单是因为他有决策权力，事实上每一个参与谈判的人都有一定的决策权，因为事先他们已经做过安排，什么条件下己方可以承受，什么样的条件可以成交，这些东西，那些谈判代表心理早都有数。我们强调直击其决策人物还有另外一层原因，决策人物有他的特点，对这些特点的把握有利于我们掌控谈判进程。

1. 决策人物普遍存在的特点

（1）他们喜欢卖弄决定权。

（2）喜欢更宏观的解释问题，相对而言让步更容易。

（3）他们不会为小事斤斤计较，因为他们更看重时间成本。

（4）倾向从权术角度解决问题，因此与我方的冲突较少，更容易做工作。

（5）他们往往不考虑细节，所以在细节上准备不充分。

2.“拔据点”战术

谈判时，你付出很多努力，能想的办法基本都想了，可就是无法说服“对方决策者”，在这种情况下，你就该做出调整，向“对方组员”展开攻势，让“对方组员”了解你的主张，再由他们来影响“对方决策者”。这很像抗日战争时期收复失地的“拔据点”战术，把城区周围的据点一个个都拔掉了，城区也就不攻自破了。

使用“拔据点”战术时，你阐述观点的方法是很重要的。很显然，“对方决策者”已经不止一次地听过了你的主张，而现在如果再拿同样的说辞对付“对方组员”，“对方决策者”无法被打动自不必说，“对方组员”也一样，对你的“陈词滥调”不感冒。所以，目的虽然相同，但是在说明的过程中，就要特别留意变换说法。另外应注意的是，即使你已经说服了“对方组员”，但是却无法保证“对方组员”会去说服“对方决策者”。无论你尽了多大努力，要是“对方组员”没能按照你的意愿去影响“对方决策者”，“拔据点”战术还是难以奏效。所以“拔据点”战术最重要的部分是如何让“对方组员”去影响“对方决策者”。

实战指南

在谈判过程中令人最为沮丧的或许就是你花费了很大的精力做了铺垫，快到收获期的时候了，你的谈判对手忽然说他没有最终决定权。或许他的确没有决定权，最终的决定权在他的直接上司；但大部分情况下，这只是对方的一个谈判技巧——“更高权威策略”。面对这种“最高权威策略”我们应该从以下几点入手。

第一，谈判开始之前，设法让对手承认，只要条件合适，他即可作出最终决定，而不需要请示其他人；同样使用“更高权威策略”，让对方明白你识破了他的用意。

第二，当我方用“最高权威战术”应对对方时要注意，这个最高权威一定要是个模糊的实体，否则如果对手提出直接和你的更高权威谈判，将使你陷入不利局面。

通牒：善用“时间资源”

你的对手是否给过你类似的提醒：“一个小时后我要去机场?”

你知道为什么在你报价之后你的对手一拖再拖不肯还价吗?

你知道为什么所有关键问题都解决了，你的对手却迟迟不做决定吗?

你遇到过催促你成交的对手吗，你明白原因吗?

你知道对手的最后通牒也可能会暴露他的“底牌”吗?

你知道对手延后下单和提早订货的用意吗?

很多谈判，都是在谈判期限即将截止时才达成协议的。谈判若设有期限，那么，除非期限已到，不然的话，由于还有讨价还价的时间，谈判者轻易是不会做出让步的。因此，只有当期限临近，谈判者才能感觉到压力，才能对谈判中未解决的问题感到焦虑。因此谈判技巧在谈判期即将截止的时候加以运用，效果会事半功倍。

现实中很多谈判是没有明显的时间期限的，这样的谈判一定不能让对方知道自己有时间压力，并且要尽量让对方感觉有时间压力。

谈判中，你的谈判对手有时在无意中便透露出一个“截止谈判”的期限来，譬如“再过一个小时，我得去参加一个重要的会议”，作为一名优秀的谈判员，这种机会可千万不能错过。在这种情况下，你应该有技巧地减缓谈判进程，先解决无足轻重的矛盾，让谈判气氛尽量融洽。当距离开会截止的时间愈来愈近，对方的不安想必也越来越严重，由于接下来的时间安排，他们巴不得双方立刻就达成协议。此时此刻，你就可以慢条斯理地提出种种关键要求了，而且每个要求都用充分的理由详细说明。由于时间迫切，对方很可能比较容易地就接受了你的条件。

→ 案例实操

中俄产品销售谈判

中国某公司向俄罗斯一家公司出售服装面料，双方之前有过合作，合同马上要到期了，鉴于双方合作愉快，中方提出与俄方续约一年。俄方接受了中方的提议，但要求中方把价格做适当调整，中方提出降5%，俄方同意了，但要求中方派代表到俄方签约。

中方代表抵达俄方公司总部后，双方交谈时间不长，俄方表示，中方的价格虽然降低了，但还是比较高，并提出让中方调研一下俄罗斯市场，再报价给他们。

中方代表生气之余，对俄罗斯同类产品的进口情况进行了调查，调查的结果是中方的价格是俄罗斯进口同类产品中价格最低的。

借此调查结果，中方代表分析，俄方认为中方既然肯派代表来俄罗斯，肯定是急于拿到合同的，同时他们觉得中方代表肯定不能在俄罗斯长时间停留，于是俄方肯定是想利用这两点继续压价。

认识到这两点，中方代表决定以牙还牙，就在价格和时间上做文章。

第二天中方代表就通知俄方："我们的市场调研已经做完了，结果显示我们的价格与贵国的同类产品进口价格相比偏低了，我方决定将价格调回到上一年的水平。"

同时表示："我方不能在俄罗斯长时间停留，我们的行程还有两天的时间，请贵公司尽快讨论，并尽快给我方以答复。"

俄方立即回复中方："中方不应该把价格再调上去。"

中方则表示："这一报价是在调研了俄方市场的基础上得出的。"

经过几轮谈判后，最终合同按照双方事先约定的条件顺利签约。

案例中俄方正是想用时间的压力迫使中方就范，中方经过缜密的市场分析，也同样利用时间筹码回击俄方，中方的回击方式点中要害，所以在谈判中处于优势地位。

巧手点金

由于不同的谈判性质，其时间策略的表现形式也是不一样的，我们现在将能普遍应用于各种谈判里的时间策略总结一下，主要有以下几种使用方法。

1. 对时间把握明确

这种情况下，我方对时间的利用很充分，我方很早就确定了谈判的时间，并一直进行准备，所以非常有把握。因为可以对时间有效运用，便可以在谈判中为自己增加信心，使自己在谈判中游刃有余。

2. 利用时间差

利用时间差，让对方被表象所迷惑，致使判断失误，这一计的高明之处在于用假象掩盖真实情况，让对手错误估算时间，从而为自己赢得时间。

3. 利用混乱

混乱是一种难得的时机，别人混乱而你保持清醒，自然能够乱中取胜了。商业谈判也可通过制造混乱使自己获利。

4. 利用模糊战术耍赖

通过装疯卖傻可以拖延时间，使对方无法按照进度进行谈判，从而为己方赢得时间。这是一种拖延战术。在谈判中谈判者可能会遇到一些自己无法预料到的事件，一时之间又很难找到解决之道，此时采用模糊策略可以赢得思考和准备的时间，最终朝着有利于自己的方向发展。

实战指南

不同时机时间筹码的使用方式如下所述。

对方迟迟不做决定时：当对方犹豫不决时，我方可以给对方设置时间底线逼对方迅速做决定。

拖延时机对我方不利时：当情报显示拖延时机对我方不利时，我方就要给对方确定一个期限。明确告诉对方在期限内要将谈判进行到什么程度，否则会有更坏的后果。

时间充裕时：当时间充裕时，我方应尽量让谈判进程变缓，使对方着急、紧张，然后再给对方制造时间压力，从而形成对我方有利的局面。在这种情况下，原来的难点也会变得容易，我方可从中谋取更多利益。

干扰：管理、调控对方的情绪

你的对手会莫名发火吗？

你遇到过烦躁不安的对手吗？

你是否经历过因为一个人的情绪失控而导致整个谈判破裂？

你能将对手的情绪变化转化成谈判的契机吗？

你能控制住谈判的氛围吗？

谈判中，人的因素除了观念问题之外，情感表露也能对谈判产生重要影响。我们当然希望对方表露的情感都是对谈判有利的。然而现实往往并非如此，你经常会碰到个别不如意的对手，他们或者情绪低落，或者满脸的苦大仇深，甚至有的对手动辄就大发雷霆。在这种情况下，谈判员对对方情绪的把握和控制就非常重要，你只有利用对方的情绪，或者将对方的情绪加以控制，谈判才能朝着正确的方向发展。

因为谈判的竞争性，在谈判中双方的情绪都是难免有变化的，但我们要明白，个人的情绪还会有一定的传染性。有时处理不当，一个人的情绪便可以影响所有谈判人员，从而使谈判陷入不能控制的僵持境地。

管理和调控谈判者的感情表露也是谈判员要掌握的一项重要的谈判技巧。在商务交往中，人的情绪高低可以决定谈判的气氛，如何对待谈判者的情感表露，特别是处理好谈判者的负面情绪，将对谈判进程有非常重要的影响。

案例实操

影片《我的1919》中的谈判

1919年，第一次世界大战后，作为战胜国的中国参加了“巴黎和会”。中国虽然是战胜国，但是在和会中没有得到应有的、也是必需的尊重与重视。作为战胜国，甚至没有夺回本属于中国的山东，没有夺回主权以及领土的完整。

在会上有一场经典的谈判，之前有个细节，日方谈判代表在入场的时候掉了一块怀表，恰巧被中方代表顾维钧捡到了，会上日方代表首先发言。

日方代表牧野带着鄙夷的神情上台：“我国在战时为协约国做出了巨大的贡献，而中国是未出一兵一卒的战胜国，我都不知道他们还有什么脸面站在这个讲台前。”牧野由内而外透着对中国的不屑。

接下来中方代表顾维钧上场，当众发言的顾维钧左手一扬，掌心摊开，指缝一松，一块怀表吊着链子垂下来。“请允许我，在正式发言之前给大家看一样东西。进入会场之前，牧野先生为了讨好我，争夺山东的特权，把这块金表送给了我。”会场开始交头接耳，牧野先是一愣继而愤怒地起身说：“抗议，这是盗窃，公开的盗窃，无耻，极其无耻！”顾维钧彬彬有礼，稍稍停顿了一下，接着发言：“牧野男爵愤怒了，他真的愤怒了。姑且算是我偷了他的金表。那么，我倒想问问牧野男爵，你们日本，在全世界面前，偷了整个山东省，山东省的三千六百万人民，该不该愤怒呢？四万万中国人该不该愤怒？！我想请问，日本的这个行为，算不算是盗窃？是不是无耻啊？是不是极端的无耻？”然后接着说：“中国不能失去山东，就像西方不能失去耶路撒冷！”顾维钧的发言让与会的每个人都若有所思。

案例中的顾维钧用对方的情绪变化展开自己的观点，不但让自己的论述更站得住脚，而且容易引起听者的共鸣，真正验证了那句名言："攻心为上"。

巧手点金

处理谈判中的情感冲突，不能采取针锋相对的硬式方法。采取硬式的解决方法往往会使冲突升级，不但不能控制对方的情绪，也会影响己方的情绪，不利于谈判的继续进行。对待过激的情绪问题，我们不妨可以从以下三个方面来着手解决。

1. 如何管理对方的情绪

（1）关注和了解对方的情绪，也包括你自己的情绪。这一点解释起来并不难，我们还是在案例中找答案，顾维均为什么能很容易让牧野在那么重要的场合发怒呢？首先他了解了对方的情绪，他看到了牧野对中国以及中国人的轻蔑和不屑，以此为基础，如果你说他向中国人示好并当众拿出证据，他自然是难以接受的，情绪自然是难以把持的。

（2）让对手的情绪得到发泄。这一点要从两个方面谈，一方面就是案例中展现给我们的：对手将情绪发泄出来的时候，我们可以利用他在发泄的过程中情绪的变动。另一方面：我们的目的是让对方发泄出来之后能够心平气和、客观地跟我们讨论问题。

（3）使用象征性的体态语言引导情感冲突。我们还是在案例中找答案，顾维钧为将牧野的情绪引向愤怒，做了很好的铺垫，用彬彬有礼且优雅的姿态拿出怀表与牧野发现怀表丢失的反差，让牧野产生强烈的感受逆差，从而情绪剧烈变动以致失控。

除了以上的管理对方情绪的方法外，还有一些外在的因素可以影响对方情绪，通过外在因素的调整也能起到调控对方情绪的作用。

2. 谈判中影响情绪的因素

（1）环境因素：这一点不难理解，实际应用方法很多，比如谈判桌上一个塞满烟头的烟灰缸，能分散对手的注意力。反过来它也可能改变你在对方心里的形象，这一点的应用完全要靠谈判员自己掌握。

（2）语言因素：谈判过程也就是谈话过程，得体的语言十分重要，谈判人员除了能娴熟驾驭语言外，还要注意谈话的技巧。

（3）礼仪因素：礼仪礼节作为交际规范，是对客人的尊重，谈判桌上，一个谈判者的彬彬有礼，往往能给人带来愉悦的心情，反之则可能破坏谈判氛围，影响谈判对手的情绪。

实战指南

语言控制对方情绪有如下技巧。

尽量客观，避免用自己的主观想法，用客观事实证明己方观点。

给谈判双方留有余地，及时肯定对方。不要把对手逼入死胡同，尽量不要用“你不怎么样就怎么样”这种阐述方式。

避免针锋相对，不要将双方观点对立化，而要在双方的利益中寻找共同利益。

懂得下台和让对手下台。

善于运用幽默语言。

重点：在对方需求上做文章

你的对手为什么总对你的产品有这样那样的不满意？

你与对手之间为什么总是有种合不上拍的感觉？

一场成功的谈判之后你的客户能否长久忠于你？

合作最终敲定，为什么双方却都有挫败感？

你的客户说是因为你的执著或者个人魅力而选择你的公司，这是对你的褒奖吗？

你了解对手与你成交的原因吗？

我们为什么要和对方谈判，因为我们有求于对方，同理，对方也是有求于我方才跟我们进行谈判的。那么双方必然有成交的利益共通点。这个利益共通点在哪呢？就是我们谈判的目的：在谈判的过程中找到双方的利益共通点。基于此原因，我们在谈判前的准备工作就不能仅仅考虑自己的要求和需要，同时也要考虑谈判的对方可能需要什么，只有这样才能为谈判打下良好的基础。

在对方的需求上，需要你作一个换位思考，如果你是对方，在谈判中你需要什么；你为什么需要它；你需要得到这个结果原因是什么；什么问题对你来说最重要；你的顶线、底线是什么；什么条件是你拿来准备让步的；你为了支持你的立场可能会提出哪些问题等。假如谈判之前你都已经将这些问题的答案找到，并且非常接近对方的答案了，那谈判的进程自然掌握在你的手里了。

销售谈判不同于其他谈判形式，销售谈判中的谈判只是销售过程中的一部分，而销售工作的重点是根据客户的整体需求，设计出一套合乎客户要求的整体解决方案。所以，如果我们在不了解客户需求的情况下进行谈判，只是为了谈判而进行谈判，最后很难达到对方预期，同时我方的目的自然也很难达到。

→ 案例实操

买房的案例

一个朋友在外地工作，考虑租房价格不便宜，不如买套二手房，在这儿工作的时候可以自己用，离开的时候还可以升值。经过一番筛选，朋友看好了一套房子，房子离他的公司比较近，而且周围环境也好，将来出手也容易。

于是与房主进行了初步洽谈，朋友出价 4200 元/平方米，房主要价 5000 元/平方米。

经过几次接触，朋友的价格一涨再涨，从 4200 元/平方米涨到 4600 元/平方米，可房主还坚持自己的价格寸步不让。

朋友要求对方把实际售价告诉自己，以便自己考虑能不能接受，因为朋友觉得，他已经给了比较符合市场行情的价位了。

双方在价格问题上已经无法取得一致，谈判即将宣告破产，可朋友的确是看好这套楼房了，不死心，偶尔就会找房主一块吃个饭或者闲聊一会儿。

一次在闲聊中，朋友得知，房主其实不着急把房子卖出去，因为他们买的新房是期房，卖出去这套，他们要过一段租房住的日子。而且房主的弟弟卖过一套和他这套条件差不多的房子，价格是 4800 元/平方米，所以房主才会坚持 5000 元的报价。

了解到这一点，朋友想好了一个解决办法，改天又登门拜访。

首先朋友明确表示：第一，按照 4600 元/平方米的成交价格，我可以付全款。第二，卖房后房主要有一段时间租房住，朋友可以让房主在不交房租的情况下与自己合住一年。

房主听了朋友的建议，觉得对自己来说很合适，当天就把合同签了。

此案例正是了解对方需求的典型，若不了解对方需求，要想达成交易，只能按照对方的价格成交了。朋友在闲谈中了解到了对方的需求，根据对方的需求制定谈判方案，从而让谈判顺利达成。

巧手点金

对手的需求分显性需求和隐性需求两种，而对手真正的痛楚是隐性需求。显性需求对手会在谈判过程中很明显地指引给你，而隐性需求却需要谈判员在谈判过程中去挖掘。

1. 发掘对手需求的技巧

（1）寻找客户的伤口：具体就是从对手的现状入手，用对手的现状为接下来的问题打下基础。

（2）揭开伤口：就是在对手面临的问题、困难和不满之中寻找己方擅长解决的问题，即我方能满足对方隐性需求中的哪些方面。这一点是非常困难也是非常重要的。

（3）往伤口上撒盐：在对对方隐性需求的分析过程中，把其隐性需求变成显性需求，把潜在的问题明了化，把我方能满足对方的一般问题严重化，从而培养对方对我方产品和服务的内心需求。

（4）给伤口抹药：就问题得以解决之后的价值进行讨论，使对方的注意力完全转移到解决问题上，而不再注重问题，从而使对方逐渐向我方的条件靠拢。

2. 了解对手需求的途径

除了在谈判过程中挖掘对手的隐性需求外，还有以下三种途径了解对手需求。

（1）人们想的大致相同，人之间的区别在于，看谁能把自己的想法掩饰或修饰起来，也看谁能知悉对方哪些情况是修饰过的，哪些才是真实的，在对自己的思考中找出对方未修饰过的想法。

（2）把你已经掌握的对方信息从脑子里提炼出来，进行去粗取精、由此及彼、由表及里地分析加工，也可以了解对方的真正需求。

（3）在与对方开始谈判或者接触的时候，要十分留意对方的言行举止。一个人再狡猾，也会在不经意间流露他的真情，而这些小细节的不经意流露正是对方需求的真实体现。

（4）通过对对方企业的了解，与对方员工的沟通来探求其需求。

了解对方需求有很多途径，比如谈判前对对方公司生产能力、资金实力、采购意愿等方面情报的调查，但最有效的方式是在谈判过程中从对方的问答中挖掘。因此，一个好的谈判员，问问题的能力一定非常出色。

实战指南

问问题探究对方的隐性需求有以下几种方法。

客户为什么会跟我们谈判，因为他有求于我们，为什么求我们，有时候客户明白却不告诉我们，有时候客户自己也可能不太明白。比如病人去医院看医生，他可能知道自己感冒了，找医生开点药，他也可能只是咳嗽，觉得不舒服，要找医生帮忙找到答案。

大部分情况下，我们在谈判中问的问题就是医生在寻找病因，我们的最终目的是找到病人的真正病症，以便对症下药，药到病除。比如医生问病人咳嗽是否是从淋雨之后开始的，想要达到的目的是看他的咳嗽是否是因为感冒引起的，这实际上就是一种探索隐性需求的过程。

论据：用“客观依据”支持自己的观点

你的观点能得到对手的认同吗？

你知道如何解决谈判中的利益冲突吗？

你知道为什么谈判会陷入僵局吗？

你的对手最怕怎样的回击？

如何在谈判中做到真正的双赢？

谈判中的利益冲突是一定存在的，同时也是谈判员最难处理的问题。在利益面前，双方很难有“共赢”的解决办法。

双方就某一个利益问题争执不下，互不让步，似乎永远也达不到“双赢”的目的。在这种情况下就要学会运用客观依据来调节冲突，推进谈判了。

在上述情况下，一般谈判者都找不到更好的替代方案。解决的方法只是，一方如果极力坚持自己的立场，那么另一方就不得不作出一定的让步来达成协议。这种情况出现的原因是什么呢？这种情况下，双方的假设前提是：你所得即我所失。协议的达成几乎完全取决于达成协议的意愿了，其结果是谈判演变成为一场意愿的较量，看谁更加愿意达成协议。谈判陷入一场持久的僵局中，这种结果对双方都是不利的，即使达成协议，以后合作也将变得很困难。客观依据能很好地解决这种针锋相对的僵持局面，因为客观依据的引入能将双方从舍与得的立场上转移到寻找客观依据的问题上来，这样的结果自然淡化了对立冲突。

案例实操

工伤纠纷

张某于2008年2月进入某木料厂从事锯板工作，但双方未签订书面的劳动合同。2008年6月6日下午4时许，张某在公司车间搬运木头上锯板机时，被滚动的木头砸伤左手，治疗后经工伤鉴定为伤残十级。

此后张某曾多次找该厂相关领导协商，希望对其工伤损失予以赔付。该厂领导先是以各种理由推脱，后看张某一定坚持索赔，干脆以强硬态度拒绝，声称："第一，你工作中使用的锯板机厂里已经承包给别人；第二，你跟我厂没签订书面的劳动合同，所以你找厂里索赔是不合理也是不合法的。"

张某不甘心，觉得自己既然在厂里工作受伤，所产生的损失理应由厂里承担。张某于是咨询了当地的一家律师事务所，律师告诉他，想要索赔成功就要用事实说话，让他提供在该厂工作的证据。

张某先是请厂里的同事帮忙提供了一些书面的证据，证明自己曾在厂里工作，然后找出了几个月的工资单和在厂里的工作照片。这一切都准备好了，张某又找到了厂领导要求赔付。

起先厂领导还是坚决拒绝，张某表示："企业的信誉是最重要的，我毕竟曾经在厂里工作过，不想把这点小事闹大。这有厂里同事的证明，还有我这几个月在厂里工作的照片和工资清单，如果你们坚持不赔付，我只能通过法律途径解决，请厂领导考虑。明天我还来，但我保证明天是最后一次以个人的名义出面，如果明天我的事情还得不到解决，那就只能法庭上见了。"

在事实和证据面前，厂领导权衡利弊，觉得张某说得对。信誉是企业的立身之本，若因为这点小事让企业丧失客户的信任的确有点得不偿失。当天，厂领导就派人把赔偿款送到了张某家中。

其实客观依据在谈判中的重要作用，在民事诉讼中表现得尤其明显。本案例从根本上说其实是一场索赔的谈判，案例中的张某之所以能够最终取得胜利，是因为他很好地运用了客观依据，这里的客观依据不但包括“他是为厂里工作受的伤”“他的工资清单”“工作照片”，另外还包括“对于企业来说信誉最重要”“他的索赔会影响企业信誉”，这些其实都是客观依据。

巧手点金

在谈判中，如果我们处处都以客观依据支持我们的观点，不但我方的观点严谨、无懈可击，而且有利于征服对方，推进谈判进程。那么什么样的依据才是客观依据呢？

1. 运用客观依据必须遵循的原则

（1）公平有效的原则：即独立于各方主观标准之外的依据，而且至少理论上要适用于双方。

（2）科学且切合实际原则。

（3）先例原则：即有典型的先例作为参考。

2. 服从客观依据的优势

（1）你将主导谈判。坚持用客观依据支持自己的观点，你的立场更容易得到捍卫，因为你的依据是合理、合法的。

（2）在实质内容上，你也会做得很好。以客观依据为基础的谈判可以让你既坚持自己的立场，又不失公允。坚持以客观依据为基础还能使你头脑冷静，避免掉进对手的陷阱，更不会让你在压力面前屈服。

（3）谈判中，将讨论的重心从对方愿意的问题转移到讨论应如何解决问题上来，并不一定能结束争论，也不能保证有满意的结果。但它却提供了你可以采取的有力战术，避免了针锋相对的讨价还价，使矛盾缓和，更不伤和气，也为以后的合作奠定了一定的基础。

→ 实战指南

客观依据包括如下内容。

目前国内外市场的真实行情，具有典型代表性的先例，遵循道德标准的依据，以科学为基础的判断，相关行业的行业标准、传统标准，产品的做工、原料、生产工艺以及制作流程，产品的生产、运输及人员成本，相关的法律法规、事实依据等。

彻查：绝不能用对方的信息作为谈判材料

你懂得如何利用对方的谈判信息吗？

你能找到谈判的突破口吗？

你能分辨对方信息的真假吗？

你能回避对方的信息陷阱吗？

谈判可以说是借助于思维语言传递信息、交换信息的过程。从这个角度讲，谈判本身就是对信息的收集、分析、披露、创造、隐匿和利用的过程。没有准确、可靠的信息，谈判很难获得成功，不会巧妙地运用信息，谈判同样难以取胜。

谈判要做的是：让对方支持我们从对方那里得到我们想要的东西。

从这一点来说，谈判的双方是对立的，同样，双方的信息也是在对立的原则下建立的。彼此的目的都是按照己方的意愿掌控谈判进程，在搜集谈判材料的时候都是从己方的立场出发的。这样一来，客观表现出来的结果就是彼此都尽力误导对方，尽力给对方展现一些有利于己方的不完整的、错误的，甚至是虚假的信息。因此我们决不能轻易使用对方信息作为谈判材料。

我们必须做到一点，引用的对方信息必须是经过加工的，把其中不符合客观标准的部分当做反击的手段，其中不利于己方的部分加以反驳，其中有利于对方的部分去掉。总之，对方的信息，我们要善于加工处理，而不是直接应用。

换句话说就是：尽量不要按照对方的思路走。要千方百计把对方的思维方式引导到你的思维方式上来。

案例实操

工程赔偿

某大型商业建筑工程在招标，招标基础价格为9200万美元，工期25个月，A公司中标，中标合同8500万美元，工期25个月，工期拖延每天罚款9万美元。

在地基挖掘的过程中，发现地质条件与合同不符，基础岩层高度低于设计图纸，以致图纸多次修改，工程结束时，A公司延误7个月，超出工期的成本费用4200万美元。

于是A公司向招标方提出索赔，索赔依据是以实际总成本和总工期为基础的，实际总成本为12700万（8500万+4200万）美元，实际总工期为32个月。要求招标方赔偿其经济损失4200万美元。

招标公司认为，A公司详细核算过成本，招标价格与预算总价的差额700万（9200万－8500万）美元应该由A公司自行承担，并认为，A公司修改设计，迟交图纸等原因造成的损失也应该由A公司自行承担，实际的可能状态的总成本应为11000万美元，工期应为29个月。那么A公司有权提出的索赔应为1800万（11000万－9200万）美元和4个月工期索赔。由于A公司已经认可了700万美元的损失，则仅赔偿1100万（1800万－700万）美元。

然后招标公司又提出反索赔，实际状态和可能状态之间的差额1700万（12700万－11000万）美元为A公司自己的失误造成的，理应由A公司自行承担，A公司的失误还造成了实际状态和可能状态之间的工期延误3个（32－29）月，理应由A公司支付误期违约金即9万美元/天×90天＝810万美元，最终的赔付额应为1100万美元－810万美元＝290万美元。

A公司提出异议，说明若按照对方的计算方式，A公司有权索赔的金额为1800万美元，其中已经涵盖了A方承担的700万美元，因此索赔金额为290万美元＋700万美元＝990万美元。

最终双方达成共识，索赔金额为990万美元。

案例中A公司的谈判实际上是失败的，它的最大问题就是利用了对方的谈判信息作为自己的谈判材料，让对方主导了谈判走向。

巧手点金

谈判过程中，一些谈判员往往喜欢引用对手的谈判信息作为己方的谈判资料，以为用对方征服对方才会更有说服力。其实这种观点是错误的、危险的，这样做往往会使己方在谈判中跟着对方的节奏走。为什么不能用对方的信息作为谈判资料呢？

第一，对方信息存在不准确、不真实的因素，因为对方的信息是在己方立场上建立的，其中的依据也是从己方利益出发的，不一定都是真实的。而不真实的，不准确的谈判资料会将我方的谈判策略引向歧途。

第二，对方信息会有片面性。而这些残缺不全的片面资料，会导致我方在谈判中的判断失误，也容易给对方可乘之机。

第三，对方信息会有适用的局限性，可能适用于对方立场，却不适合我方。

第四，对方信息会有不及时性，不能反映当前市场的最新动态，于对方有利却不利于我方。

第五，对方的信息是经过精心设计的，其中会设立很多不符合客观标准的模糊概念，盲目应用，会凸显对方利益，跟着对方的思路走，从而使对方在谈判中占据主导。

实战指南

对对方信息的处理方法有以下几种。

筛选，就是检查资料的适用性，以便我们对对方资料全面客观的认识。

审查，就是识别资料的真实性、合理性，以便我们对对方资料做出客观评价。

分类，就是对对方资料全面的分类，找出哪些是需要我们作出回应的。

评价，就是用对方资料与客观依据做比较分析，为我方的评价提出具体依据。

让步：适当让步，幅度要小

你让步谈判就能成交吗？

谈判进入僵局，你知道自己应该做出什么样的让步吗？

你有过这样的经历吗？事后觉得自己让得太多了，甚至觉得不让也是可以成交的。

你的让步为什么只换来了对手的步步紧逼？

你的让步为什么成了对手谈判的依据？

销售谈判其实就是双方为最终成交互相让步的过程，让步也是必需的谈判手段，同时让步也要讲究技巧，既不能草率让步，也不能寸步不让。

有效果、有效率的让步其实就是抛砖引玉，即丢弃小的、少的，去获得大的、多的。在销售谈判过程中，我们应该理解为抛弃我方条件中不重要的、次要的问题，去争取我方更在意、更重要的条件。

谈判过程中要让对手觉得你对己方的任何条件都非常在意，而且努力坚持你要坚持的条件，这样，你即使做出了极小的让步，也能让对方有很大的满足感，让对方觉得他付出的努力有收获。

一些谈判者不断重复着毫无原则的让步，让得几乎没有任何退路了，而对手却在以静制动。这些谈判者可能是因为缺乏对谈判的了解，也可能是自身性格的原因，他们不想因为一点小事而争来争去，以免影响以后的合作。无论是出于什么原因，这种让步的方式都是不对的，不但不利于谈判的进程，也不利于双方的长期合作。

商业谈判的成功，某种程度上是双方让步的结果，让步也要根据双方的情况和谈判形势灵活运用。

案例实操

相机价格磋商

张某酷爱摄影，一次他和朋友经过一个电器专卖店，看见一个相机十分精致，忍不住想去看看。

走进店里，看了一下标价7000元，不禁有些犹豫，自己目前的相机性能还可以，虽然很喜欢这种款式，但这个价格让他有些却步。

朋友见他犹豫，就问他："嫌贵?"

"5000元到6000元还可以接受，这个价格，实在有点难以接受。"

朋友说："跟售货员谈谈价格呗，万一要能拿下呢。"

"你得监督我，超过6000元，不能让我买。我可不想超支。"

"没问题。"朋友欣然同意。

张某叫来售货员，问这款相机能否再便宜一点。

售货员问："您想多少钱买?"

张某一时不知道怎么给价格，朋友在旁边顺口就答："4000元。"

售货员表示这个价格太离谱了，不可能成交，并详细介绍这款相机的性能、质量、市场价格等情况。

朋友在旁边插话道："这些我们都了解，您就告诉我您最低多少钱能卖吧。"

售货员回答："真的对不起，我们原则上是不允许降价的，但看您二位诚心买，我给您优惠一点，6800元怎么样?"

没等张某回答，朋友就说：“这个价格肯定不行。”

售货员回答：“既然你们跟我讨论这么长时间的价格问题了，你们就肯定是想买的，但您给的价格，真的不可能的，您看我已经表示我的诚意了，您也得有所表示呀，别光让我降价呀，您再给个靠谱的价格，我看有没有可能，可能的话我尽量争取，不可能的话也不耽误二位的时间。”

朋友看看张某，张某想了想回答：“6000 元，可以的话，我就买了，实话跟您说，我的预算最高就是这个价格，超过这个价格我是真的不能接受了。”

售货员听完说：“这样吧，我先去请示一下领导，我们的产品从来就没降过价，这次是看您二位有诚意，我申请一下试试，看还能给二位多大优惠，不过我得提前说，我去申请肯定得挨训，而且十有八九是不成的。”说完售货员朝店后走去了。

过了一会儿，售货员很沮丧地回来了，说：“果真挨训了，领导一听这个价格就火了，我费了好大劲领导最后说如果 6500 元的话可以让我卖给您。”接着售货员又说：“您二位要是还觉得贵的话可以到其他店转一转，比较一下。”然后又列举了周围几家店面的价格。

张某想了想一狠心还是买下了，出来后朋友埋怨：“你不是说不能超过 6000 元的吗？”

张某笑笑说：“那款相机我是越看越喜欢，再说跟人家讲了那么半天价了，人家售货员也费了半天力气了，差不多就买了吧。”

这个案例是个成交案例，案例中张某和他的朋友在谈价格的问题上让步太大，使自己陷入被动；反观售货员，他的每一次让步都会得到相应的回报，第一次换回了对方的更大让步，第二次换来了对方的信任，因此主导了谈判，最终获胜。

巧手点金

盲目让步会使我方陷入被动，而让步又是谈判过程中在所难免的，那我们就要找到一些合适的让步技巧，使我方的让步不但能促成成交，还能在让步的过程中换取最大化的让步利益。

1. 让步要把握的原则

（1）刚性原则：谈判中可以使用的让步资源是有限的，所以，让步策略的使用是具有刚性的，你每做出一次让步，己方也就少了一个让步的筹码，而且谈判对手对于让步的体会是具有“免疫能力”的，一种方式的让步重复使用几次之后对方就不敏感了，即使你所拥有的让步资源比较丰富，你的让步如果不能达到预期的效果，也很难让谈判朝着预期的进程发展。

（2）时机原则：谈判中的让步要抓住时机，就是在适当的时机做出适当的让步，使自己的让步价值达到最大。让步时机如果把握不好，很容易让己方的谈判陷入被动。

（3）清晰原则：谈判中让步的原因、对象、内容、标准以及目的己方必须都十分清楚，避免因为让步而引出新的问题和激发新的矛盾。

（4）弥补原则：谈判过程中，让步必须有失有得。具体来说就是，我在这个问题上让步，必须换来你在另一个问题上的让步，比如在价格问题上我给你方优惠，你就必须在订货量上给我加码，当然有时候我们出于全局的考虑，可能也有不要求这种“交换”的让步，这是因为全局对我方有利，为了顾全大局而作出的让步。

2. 让步要熟悉的技巧

（1）凸显让步。你让步了，对方没有注意到，或者故意忽略掉了，那么你的让步是没意义的。让对方知道你牺牲了什么，甚至觉得你牺牲的东西对你来说很重要，这样的让步才会产生让步的效果、达到让步的目的。

（2）要求并且界定对方应有的回报。对方了解了你的让步，却不见得会给予回报。因此，让步之后要明确要求对方回报，并指明回报内容。如果你不明确回报，那对方给你的肯定是他最容易放弃的条件，却并不一定是你想要的。

（3）有条件的让步。这种让步会有一定局限性，因为你让步的基础是先得到，虽然效果差不多，但给人的感觉却差别很大。可这种让步有个好处，就是降低你的风险，因为你是在得到的基础上才失去的。

（4）分期付款式的让步。一次得到的与两次得到的相比，所获得的利益虽然是一样的，但后者会更令人高兴，原因有两个：一、不容易得到的，得到之后才有满足感；二、得到两次肯定比得到一次的感觉要好些。同样道理，让步“分期付款”，也会让对方更加高兴。还有，大多数的谈判者都会预期谈判需要多次的讨价还价，无论你是多么大方，对方也不会觉得你一次就会给对方底价。

实战指南

让步的方法可以总结为如下几条。

留给自己足够的空间，为自己的开价准备个理由，不要太过分。

鼓动对方先开价，把对方想要达到的目标先发掘出来，尽力隐藏自己的目标。

让对方在主要问题上先让步，如果愿意，你可以在次要问题上先让步。

让对方为每一项利益都付出辛劳，轻易得到是不会有满足感的。

保守的让步，晚一些比现在让好，对方等得愈久，愈珍惜成果。

投桃报李的让步是不必要的。

对每一次让步都要求对方回报，在谈判桌上，没有任何东西是免费的。

让一些不值钱的步，把这些让步都包装起来。

记住“我会考虑”就是一种让步。

如果没有晚餐，汉堡也可以，如果没有汉堡，得个承诺，承诺是打折扣的让步。

缩小对方的让步，放大我方的让步。

推诿：绝不主动提分摊差价

知道为什么大部分失败的谈判都是因为价格问题吗？

为什么你分摊差价的要求通常得到的都是拒绝？

你能让对手做出价格让步吗？

你懂得如何试探对手的价格底线吗？

价格是商务谈判中最核心的部分，谈判双方能否达成一个彼此都可以接受的价格将决定着谈判的进程及进度。

谈判不要限于一个问题。如果你解决了其他所有问题，最后只剩下价格谈判，双方只能在价格上对峙，结果就很难达到谈判的预期。如果谈判桌上多留几个问题，你就总能找到交换条件来缓解阵中的对峙。谈判员往往会走进一个误区，觉得价格是谈判的主导因素，但其实其他因素也很重要，例如产品或服务的质量、付款方式等问题。

商业谈判如果只在价格上做纠缠，往往会使谈判陷入一种误区。我们从实践中得到的教训是，在这种谈判方式下，最后谈判各方往往都会不欢而散，甚至会破坏了双方今后的进一步合作机会。我们要避免单一的议价谈判，尽量在议价的过程中有其他交换的筹码。

在价格谈判的问题上，很多人的潜意识里面总有一种折中的思维定式，即最终的成交条件是双方条件的平均值，实际上并非如此，在谈判中谁先提出分摊差价，意味着谁的价格底线进一步暴露。所以，议价阶段切忌主动提出分摊差价，但要鼓励和引导对手提。

案例实操

写字间租赁竞争

某写字楼的一间办公室被两家房地产经纪公司A公司和B公司的客户同时看上，并都表示如果条件合适，近期都会签约。由于A公司和B公司都经常给该写字楼带客户，写字楼租赁部方面对两家的信誉都很认可，于是写字楼租赁部跟两家公司都说明了当前情况，并把7元每天每平方米的最低成交价同时透露给两家公司。表示谁先签合同，办公间就租给谁。

于是两家公司都积极与各自客户沟通，力求先签合同。

A公司给客户报价8元，但因为客户对写字楼租赁市场有所了解，也是出于谈判的考虑，客户还价6元，双方便在价格问题上展开谈判，A公司业务员详细向客户介绍了当前写字楼的市场行情和该写字楼的普遍成交价，表示客户的还价太低，并列举了最近一段时间与该写字楼签约的几个客户，表示他们的价格都没有低过7.6元，希望客户给一个合理的还价。

客户经过考虑将还价价位定在6.8元，双方便在7.6元与6.8元之间陷入僵局。A公司感觉时间紧迫，怕办公间被B公司客户提前签下，于是提出均分差价，谁知道客户坚决不同意，表示他们的还价已是最高。

B公司同时与客户进行谈判，谈判进程与A公司很接近，双方也是在7.6元与6.8元之间陷入僵局。此时B公司将写字楼方面的情报告知客户，说明此写字楼还有另外一家公司在进行价格谈判，还说在写字楼租赁部方面的底价就是7.6元，再低他们还要跟写字楼方面协商，同时这个价格还是因为B公司经常给他们带客户的批发价格。客户又做了几次试探，B公司始终坚持说这个价格已经是底价，出于A公司的竞争压力，客户无奈之下提出双方能否均分差价。

B公司业务员表示为难，但说可以去跟写字楼租赁部协商，让客户给他们一点时间。B公司业务员去写字楼租赁部喝了会儿茶回来表示，写字楼方面破例同意了，并说明了写字楼方面能同意这个价格，纯粹是出于对B公司的业务能力考虑。

当天B公司与客户便按照7.2元的成交价格签订了合同。

这个案例其实是两个价格谈判，展现的正是议价的技巧，A公司的失败就在于他们急于成交，主动提出要分摊差价。其实客户对这个价格并不一定是不能接受，只是你既然这样提出，客户印象中你的底线就还未出现，于是必然努力与你周旋，试探你的底价，这样就耽误了谈判时间。而B公司正确运用了竞争，让对方提出分摊差价，完全主导了谈判。

巧手点金

业务谈判中价格谈判是非常重要的一个环节，许多业务谈判的失败都是在价格谈判阶段发生的。归纳起来，其原因往往有两个方面：一方面，前期把所有问题都解决了，议价阶段只剩下一个价格问题，失去谈判的交换筹码了；另一方面，许多谈判员把价格预期定在双方差价的等分点上，并且一直那样努力，结果对方在谈判过程中越来越优越，导致己方失去控制谈判的能力。那么怎样议价才能更好地推进谈判进程呢？

1. 不能主动提分摊差价的原因和理由

（1）公平的价格不一定是分摊差价，所以我们不能把己方的价格谈判策略只画到价格等分点上。

（2）谈判是最好的盈利机会，除了差价分摊，我们还有更大的利益可以争取。

（3）诱使对方提出差价分摊，这样可以将谈判空间向有利于自己的方向缩小。因为价格分摊的提议是可以被利用的。

（4）让对方主动提出分摊差价，实际上是在鼓励对方作出妥协。既避免了对方利用我们的分摊提议争取更大的利益，同时当我们经过一番谈判艰难接受对方提议的时候，也能让对方有获胜的成就感。

2. 议价应掌握的技巧

（1）报价高不一定成交高，但报价低，成交必然低；甚至有超高的报价成交价也较高。从中我们可以看出，我们在报价的时候要尽最大努力往高报，这个尽最大努力中的努力就是找到报高的理由。如此的话留给自己以后价格谈判的余地会大一些。

（2）无论你做了多少次让步，多努力地向对方的报价靠拢，你的报价也一定要包括自己的目标，这样才能获取自己的最大利益。

（3）以让步来换取让步，这一原则在价格谈判中同样适用，不同的是，在价格谈判中衡量我们满意度的标准是最终利益，而不是让步次数。

（4）我们尽可能要采取分项报价的方法报价，这样做的好处是，不至于一个总的高价让对方第一印象就无法接受。另外分项报价也有利于在价格谈判中让步技巧的使用，我们可以从每一个小项目的让步中体现我方的诚意。

(5) 为了争取客户的合同，我们可以利用客户贪便宜的心理，采取各种服务的最后期限逼迫对手做决定。

(6) 在与客户的价格谈判中，我们的让步要一次比一次幅度小，给客户造成一个我方一直在为成交做努力，而且肯定没有大幅度让步的可能的印象。这样做的好处是容易让客户放弃进攻，同时会有很大的成就感。

实战指南

价格让步技巧可总结如下。

不做均等的让步，对方会让你的让步无休止。

不要做最后一个大的让步，这样的让步会让对方觉得你没诚意。

不要因为买主要求你给出最后的实价你就一下子让到谈判底线，对方永远不会相信你会将底牌交给他。

逐渐缩小让步幅度，这样，对方会觉得你的确在努力，几乎已尽了全力。

第五章　没有“最无赖”只有“更无赖”

——谈　判　中　僵　局　的　处　理

谈判是获取成功、化解对抗、连接理想和现实的桥梁，是介于理论和实践之间的一门艺术。销售谈判中出现僵局是谈判双方都不愿意看到但又不得不面对的问题。谈判的过程中谈判双方为了实现自身的利益最优化，不可避免会产生意见分歧，各方又都不肯做出相应的让步，从而形成僵持局面，如果僵局不能化解，谈判则可能随之破裂。

联盟：善用“红脸”与“白脸”

你知道什么是“红脸”与“白脸”策略？

红白脸策略具体是怎样运用的呢？

如果红白脸策略运用得好，会给公司带来哪些影响呢？

“红脸”与“白脸”都由一个人来扮演，这样可以达到销售谈判的目的吗？

运用“红脸”与“白脸”策略时需要注意些什么呢？

销售人员一个唱红脸、一个唱白脸，又称红白脸策略，是指在销售谈判过程中，由两个人分别扮演“红脸”和“白脸”的角色，或者由一个人同时扮演这两种角色，软硬兼施，使谈判的效果更好。

这种策略的基本做法是，在谈判过程中，由小组的一个成员扮演强硬派，即“白脸”的角色，在谈判开始时果断地提出较高的要求，以后又必须坚定不移地捍卫这个目标，在谈判中态度坚决、寸步不让，几乎没有任何商量的余地。此时，由小组的另一个成员扮演温和派即“红脸”，寻求解决问题的办法，然后在以不损害“白脸”的“面子”的前提下建议做出让步。

当谈判出现一些问题时，最确切的说是当谈判的气氛明显充满敌意时，对方因为要坚持自己的观点和利益，死守一点也不肯让步时，己方的“白脸人”就要出场了。他可以表现得很生气，或者大发雷霆，尽力指责和诋毁对手，最主要的目的就是把气氛搞得十分紧张。而其余的成员则一言不发或不知所措。然后是己方的“红脸人”出场，他的任务是出来缓和气氛，他在劝阻自己同伴的同时也会平静而又明确地指出，这种场面完全是由对方的态度所造成的。当“白脸人”发怒以后，对方一般会被激怒，而后又会感到自己的做法有失理性，在这种心理下，对方就会自然地对自己一直坚持的条件做出让步，在不知不觉中使用策略的一方实现了预期的目的。

在销售谈判中，红白大戏唱法多多，红白戏法变化多多。但万变不离其宗，只要你记住目标——既要得人情，又要得实惠，那么红脸白脸的面具就可以随便更换。红脸变白脸，白脸变红脸，光有一身厚脸皮的功夫是远远不够的。成功的“红白戏法”离不开成功的谋划设计，要善于找说法、搭架子、卖关子，戏法才能变得有声色，滴水不露。

案例实操

红白戏法结合，让人真伪难辨

唐朝时期，对官员的选任有很严格的程序，就是科举得中，还要经过吏部考选。李林甫是吏部侍郎，掌握考选官吏的大权。

吏部每年考选官吏，都放榜公布。一次，在放榜前，玄宗的弟弟宁王暗地里拿给李林甫一个10人名单，要他以优等列榜首放官。在选官中走后门，当时也是严禁的。

李林甫看到勾结宁王的机会来了，他接过名单，心里高兴，脸上却装着为难的样子，说：“王爷一定知道这事不好办，何况一下子开出10个人来……”不等宁王有什么表示，李林甫马上又说：“王爷把这件事交给我，说明王爷信任我、抬举我。王爷是皇家，为皇家办事。还能怕担责任?”这一番话，当然让宁王高兴，在他那尊贵的脸上，对李林甫显出赞赏的神色。李林甫又从这种神色中盘算出另一个主意。“王爷，就这样吧！为了维护朝廷的法纪，也压压别人借机行私的行为，请你允许我从这10人中任意挑出1人，当众驳回，留到下次列为榜首，举荐个好住所。”李林甫在这般说时，把内心的奸诈隐藏起来，表现出的是一副忠诚、恭顺、干练的模样。

宁王心里自然高兴了，真把李林甫看成是既忠心为朝廷办事，又能干的人，便大加赞赏。

出榜那天，李林甫当众说：“某人托宁王说情，这是败坏朝廷选官，不能容忍，此人不能选。”话一落音，人人吐舌，相互传说：“李吏部，连宁王面都敢驳回，真是正直清明。”更有人说：“他这官当得真硬，一定受皇上宠幸，不然，能有这胆子？”这事传到玄宗耳中，龙颜大悦，心里说：“朝中有这样的大臣，一定要重用。”

这个案例中，李林甫表现得既徇情枉法，又隐奸伪忠；既镇服了朝野，又讨得了宁王和玄宗的欢心。他把红白戏法变到了相当境界：红中有白，白里透红，红白一体，让人真伪难辨。

巧手点金

1. 谈判中运用“红脸”与“白脸”时要善于等待，注意观察

岁月如神奇的圣诞老人，常常能使形势发生变化。古人云：无为而治。在等待中，让客户平静，使问题自然解决，使新的方案再现，让不尽人意的业务自然结束。而作为具有开拓创新精神的企业家，总是习惯于果断明确地处理问题。但是在不少时候，稍等片刻，让事物的真面目充分展现，决策将会更正确，方案也会更成熟。可以说，不少的成功应归功于企业家的沉着耐心，而许多生意的失败恰恰是缺乏耐心所致。

聪明的商人总是十分注意对各种场合下的形形色色的人进行观察，以

便结识了解他人。如邀请客户、朋友甚至竞争对手外出野餐，参加体育活动，都是接触的最好机会。因为此时气氛宽松，更能显露出人们的真实面目和心中的想法。

2. 谈判中运用“红脸”与“白脸”时要学会旁敲侧击

每个商谈都有两种交换意见的方式。一个是在谈判中直接提出来讨论，另外一个则是在场外，以间接的方法和对方互通消息。

一个谈判者可能一方面必须装出很不妥协的姿态给对方的人看，另一方面又必须在对方认为合理的情况下和对方交易，以达成协定。不管是买主或者卖主都会有这种双重压力的困扰。这也就是谈判双方会建立起间接谈判关系的原因。

每一件事情并不一定都要在会议桌上提出来，彼此建立起来的间接关系，能使消息在最少摩擦的情况下传达给对方。假如对方拒绝这个非正式提出的条件，双方都会知道，同时也不会有失掉面子的忧虑；倘若这个条件在谈判时被正式拒绝了，则很可能会引起对方的指责，而导致双方感情的破裂，造成不良的印象。

实战指南

谈判中在运用红白脸策略时，对以下几点要领会，注意把握。

从红脸、白脸的角色分配来看，两种角色的分配应和本人的性格特征基本相符，即扮“红脸”者应态度温和、经验丰富、处事圆滑、言语平缓、性格沉稳；而扮“白脸”的人则应雷厉风行、反映迅速、善抓时机、敢于进攻、言语有力。

两种角色一定要注意相互配合、看准时机、把握火候。“红脸”就要在适当时候出面调停，让“白脸”有台阶下台，否则，“白脸”收不了场，而“红脸”又不及时出面，就可能使谈判僵持、暂停或是破裂了。

在使用红白脸策略时，要求担任“白脸”角色的人既要善于进攻，但又必须言之有理，讲究礼节，不肯轻易让步而不是胡搅蛮缠。

从角色的分工来看，“红脸”一般由主谈人来充当，“白脸”由助手来充当。

内讧：拆分对方“红白脸联盟”

你能分辨出对方的“红白脸联盟”策略吗？

对方运用“红白脸联盟”时，你有足够的能力把他们巧妙地拆分吗？

拆分不了对方的“红白脸联盟”策略该怎么办呢？

谈判进入僵持阶段，买卖双方要扮演什么角色呢？

谈不下去，能否直接对客户进行拒绝呢？怎么拒绝呢？

反制对方的谈判策略，对销售谈判有好处吗？

在谈判初始阶段，先由唱白脸的人出场，他通常苛刻无比，强硬僵死，让对手产生极大的反感。当谈判进入僵持状态时，红脸人出场，他表现出体谅对方的难处，以合情合理的态度照顾对方的某些要求，并放弃自己一方的某些苛刻条件和要求，做出一定的让步，扮演一个“红脸”的角色。实际上，他做出这些让步之后，所剩下的那些条件和要求，恰恰是原来设计好的必须全力争取达到的目标。

在销售谈判中，“红白脸联盟”策略往往在对手缺乏经验，对手很需要与你达成协议的情境下使用。实施时，扮演“白脸”的，既要表现得态度强硬，又要保持良好的形象、处处讲理；扮演“红脸”的，应是主谈人，他一方面要善于把握谈判的条件，另一方面也要把握好出场的火候。

要在人世间做到见机行事、可刚可柔，需要的脸孔不止成百上千，它需要会逢场作戏的好演员，去担当差距很大的角色。变脸功夫何能止于二三。

人际交往，谈判交涉，官场商场，必须懂得自保方可主动而取胜。一味地“软”，粉红脸，无异于纵人欺侮，总是黑着脸强硬或白着脸使诈，又会激化对立、处处受防而落得敌人满天下。高明的操纵者，红黑相间，红白并用，追求软硬兼施的巧妙效果。

需要指出的是，如果对方向你使用这一方法，要注意不要落入圈套。有些情况下，不一定是白脸唱完了，红脸再上台，而是白脸、红脸一起唱。不管对方谈判人员如何表现，要坚持自己的谈判风格，按事先定好的既定方针办，在重要问题上决不轻易让步。

如果对方扮演的“好人”“坏人”不超出商业的道德标准，不以极其恶劣的手段来对待你，就不要采取过分直率的行动，可以婉转地指出对方报价的水分，对所要求的不合理之处，提出你的公平建议。如果对方确实在使用阴谋诡计，可以考虑采取退出谈判、向上级提出抗议、要求撤换谈判代表、公开指出对方诡计等形式。

案例实操

红脸与白脸，谈判必不可少

美国富翁霍华·休斯有一次为了大量采购飞机，与飞机制造商的代表进行谈判。休斯要求在条约上写明他所提出的34项要求（其中11项要求是没有退让余地的，但这对谈判对手是保密的）。对方不同意，双方各不相让，谈判中冲突激烈，硝烟四起，竟发展到把休斯赶出了谈判会场的地步。后来，休斯派了他的私人代表出面继续同对方谈判。他告诉自己的代理人说，只要争取到34项中的那11项没有退让余地的条款就心满意足了。这位代理人经过了一番谈判之后，争取到其中包括休斯所说的那非得不可的11项在内的30项。休斯惊奇地问这位代理人，他是怎样取得如此辉煌的胜利的。这位代理人回答说：“那简单得很，每当我同对方谈不到一块儿时，我就问对方：‘你到底是希望同我解决这个问题，还是留着这个问题等待霍华·休斯同你解决？’结果，对方每次都接受了我的要求。”

这个案例中，休斯之所为与他私人代表之所为分开来看没有什么，合二为一则产生了奇特的妙用，就是俗话说的白脸红脸。先由白脸出场，他采取咄咄逼人的攻势，提出过分的要求，毫无妥协的余地，他在场上表演的时间很长。他傲慢无礼，让对方看了心烦，产生反感。然后，红脸出场，以温文尔雅的态度、诚恳的表情、合情合理的谈吐对待对方，并巧妙地暗示，如果他不能与对方达成协议而使谈判陷入僵局，那么白脸还会再次出场，这番话会给对方心理上造成一种压力。在这种情况下，对方一方面会由于不愿与白脸继续打交道，另一方面由于红脸的可亲态度而同红脸达成协议。

巧手点金

1. 谈判中想要拆分对方“红白脸联盟”，首先要明白好演员，善变脸

“不要以为一个人只有一张脸。女人不必说，常常‘上帝给她一张脸，她自己另造一张。’不涂脂粉的男人的脸，也有卷帘一格，外面摆着一副面孔，在适当的时候如帘子一般卷起，露出另一副面孔。”聪明的人能够一会儿红脸一会儿白脸，集软硬兼施、刚柔并用、德威并加于一身，便能像一位出色的演员，胜任自己在社会中扮演的角色。

变脸是一种巧妙的功夫，同时也是为人处世的高明策略。

在京剧里，演员在脸上涂有特定的谱式和色彩以寓褒贬。其中红色表示忠勇，黑色表示刚烈，白色表示奸诈。不同的脸谱显示了不同的角色特征。在实际操纵中，我们虽然借用京剧脸谱的名称，可务必要注意：真实的人心态千奇百怪，实存脸谱色彩多种多样，不是两三种名称所能道明其中奥妙差别的。

任何一种单一的方法只能解决与之相关的特定问题，都有不可避免的副作用。对人太宽厚了，便约束不住，结果无法无天；对人太严格了，则万马齐喑，毫无生气，有一利必有一弊，不能两全。高明的统治者深知此话之理，为避此弊，莫不运用红白脸相间之策。有时两人搭档合唱双簧，一个唱红脸，一个唱白脸；更高明者，可像高明的演员，根据角色需要变换脸谱，今天是温文尔雅的贤者，明天变成杀气腾腾的武将。

2. 谈判中想要拆分对方“红白脸联盟”，要看明白对方是如何左右开弓、软硬兼施的

很多客户都是“软的欺，硬的怕”，对待他们要软硬兼施。一味地软无异于纵人欺侮，总是硬又会招致对立，处处树敌。如果能用硬压住对方的嚣张气焰，用软取得同情，予人面子，便会让对方有顺水推舟的心理。和你敌对他没什么好果子吃，而你这个“硬汉”又给他留足了余地，他为什么不为你效力呢？有效的办法是：软硬兼施。至于先硬还是先软，则要因事、因时、因人而异。

实战指南

在跟对方谈判的时候，如果对方有两个人，就要提防对方推出红脸白脸策略。反制的方法有以下几种。

直接揭穿。很直接地问对方：“你们是在演红脸白脸吗？怎么一个要一个不要，到底公司的立场是什么？我到底应该跟你们谁谈才对？”这样就揭穿了对方继续使用红白脸策略的意图。

替自己也找一个白脸。对方说这样不能答应，你可以立刻搬出另外的人来，这个人会说：“抱歉，刚才所谈的都是在不了解公司的情况之下进行的，既然还没有签约，一切都必须要重谈。”

直接找到对方的上级，由上级来处理这个事情。

让红脸说话。可以说：“好吧，既然你的意见最强烈，那你说怎么做。”诱使对方先开价。

直接把他们两个的意见统一，这样就把红脸白脸挡掉了，拆穿了对方的身份。

装傻：装做不明白

你是否能够在谈判中巧妙地应用装不明白策略？

你装不明白，那客户会怎么做呢？谈判还能达到目的吗？

装做不明白，会给公司带来哪些好处呢？

装不明白会让人把你当傻子，你做好准备了吗？

怎么才能成功地运用装不明白策略完成销售呢？

装作不明白作为一种处理弱势条件下的防御性策略，是指在出现对谈判或己方不利的局面时，故意装作不明白、装糊涂，惊慌失措，犹豫不决，反应迟钝，并以此为掩护来麻痹松懈对方的斗志，以达到蒙混过关、后发制人的目的的策略。

假装不明白可以化解客户的步步紧逼，绕开对自己不利的条款，而把谈判话题引到有利于己方的交易条件。当对方发现你误解了他的意思时，往往会赶紧向你解释，在不知不觉中受你的话语影响，在潜移默化中接受你的要求。所以，谈判老手总是把“难得糊涂”作为他们的一个信条，必要时就潇洒地“糊涂”一回。

大多数人都希望别人认为自己很聪明，而装不明白策略则需要让别人认为自己较为愚笨。在运用这一策略时应大胆地说“我不知道”或“请你再说一遍”。需要注意的是，装不明白策略技术性强，运用起来要求谈判者老谋深算，通过“知而示之不知，能而示之不能”，在静中观察对方的表演，在暗中运筹自己的方案达到最终大获全胜的目的。

装不明白贵在一个“巧”字，倘若弄巧成拙，结果自然不好。装糊涂要有一定的度，倘若超过了这个度，超过了对方的承受范围，势必影响感情，甚至引起谈判的破裂。另外，装不明白、故意犯错等不能超出法律所许可的范围，否则会惹来许多不应有的官司。

对于对手在谈判中的各种口头上的装不明白，贵在以巧治巧，婉言点出其圈套，既不伤面子，又不至于在谈判中处于下风。谈判对手的假装不明白不只表现在口头谈判上，更表现在协议或账单的文字上，将各种数字有意加错、遗漏或更改等。所以谈判者在审查协议或账单时应十分仔细，再三检查，避免陷入对手的“糊涂”陷阱之中。

案例实操

潇洒地装不明白

丹麦一家大规模的技术建设公司准备参加联邦德国在中东的某一全套工厂设备签约招标工程。开始时，他们认为无法中标，后来经过详细的研究分析，在技术上经过充分的讨论，他们相信自己比其他竞争对手更有优势。在同德方经过一段时间的洽谈后，丹麦公司想尽早结束谈判，早日签约。可是，德方代表却认为应该继续进行会谈。会谈中，德方主谈人说：“我们进行契约招标时，对金额部分采取了保留态度，这一点你们一定能够理解。现在我要说点看法，这可能很伤感情，就是请贵公司再减2.5%的金额。我们曾把这一想法告诉了其他公司，现在正等他们答复。选哪个公司，对我们来说都一样。不过，我还是希望我们能同贵公司合作。”

德方代表彬彬有礼的语气中颇有犀利的言辞，丹麦公司表示：“我们必须商量一下。”

1个半小时以后，丹麦人回到了谈判桌旁，他们故意误解对方的意思，回答说，他们已经将规格明细表按照德方所要求的价格编写，接着又一一列出可以删除的项目。

德方一看情形不对，马上说明：“不对，你们搞错了。本公司的意思是希望你们仍将规格明细表保持原状。”

接下来的讨论便围绕着规格明细表打转，根本未提到降价的问题。

又过了1小时，丹麦方面准备结束会谈，于是就向德方提出：“你们希望减价多少？”

德方回答说：“如果我们要求贵公司削减成本，但规格明细表不作改动，我们的交易还能成功吗？”这一回答其实已经表明德方同意了丹麦方面的意见。

于是丹麦公司向对方陈述了该如何工作，才能使德方获得更大利益。德方听了之后表现出极大的兴趣。丹麦公司还主动要求，请德方拨出负责监察的部分工作，交由丹麦公司分担。

交易谈成了，德方得到了所希望得到的利益，丹麦公司几乎也未做出什么让步。

这个案例中，假装不明白贵在一个“巧”字，倘若弄巧成拙，结果自然不用说。装糊涂也要有一定的“度”，倘若超过了这个“度”，超过了对方的承受范围，势必影响感情，甚至导致谈判的破裂。

巧手点金

1. 谈判时学会像小孩子一样，纯真、乖巧、热情

我们在谈到小孩子时，脑子里想到的都是这些词汇。但是还有一组词汇也同样适用于他们：顽固、坚定、霸道，还有赢家。

如果要和孩子们争论什么事儿，最终获胜的往往是他们，而父母则会败下阵来。很多父母都会对自己说："我们恐怕现在就得下楼把孩子的玩具小象拿来吧，因为最后我们还是会答应去拿的。"

的确，其实小孩子是世界上最棒的谈判高手。

孩子们在运用这一技巧时有下面两种表现：他们要么装作没听明白，要么装作没有听见。比如某个小孩会用逐渐升高的语调说："什么？什么？什么?!"最后，其他孩子不再和他争辩了。出于无奈，他们会接受这样的事实，就是和这个小孩说不明白。

只要想一想，如果你不想和某人打交道而阻断和他的一切沟通，这种感觉有多么强烈。举个电话推销的例子。我们通常会和别人进行某种敷衍的对话，而这恰恰是电话推销员所利用的。所以，你应该做的是立刻阻断这种沟通，方法可以是前言不搭后语或干脆就没反应。这样，你就消除了这一具体谈判将以有利于电话推销员的方式而结束的任何可能性。假装没听见适合这样一种情况，就是你永远也不会和对方共事了。如果是在自己的公司这样做，大家会觉得你不听他人意见或缺乏敏感性。假装你不懂对方要什么或说什么，还可以起到在未做好充分准备的时候推迟谈判的作用。在这种情况下，这样做的目的是控制时间，为自己争取利益。

2. 谈判过程中要明白装不明白的重要性

在谈判中装不明白、装糊涂是非常重要的，对于有能力的谈判家来

说，有时候装不明白就是聪明，聪明反而就是装不明白。谈判时，你假装知道得比别人知道得都少，你会有很好的处境。你装得越傻，处境就会越好，除非你的智商低到让人无法相信的地步。

在回答对方的问题之前，要使自己获得充分的思考时间。为了争取充分的时间，可以让对方重复所提出的问题，或推托要请示领导自己不能决定，或让自己的助手做一些无关紧要、非实质性的答复，或顾左右而言他。有时遇到非常果断、能干、敏捷、博学或者理智的人并不见得是好事，或者说占不到什么便宜，如果能了解得缓慢些，少用一点果断力，稍微不讲理些，可能反而会得到对方更多的让步和合理的价格。

装不明白利于谈判进行的一个重要原因是，人类都趋向于帮助那些看起来不聪明或没有知识的人，而不是利用他们。当然，也有一些没有同情心的人总想利用弱者，但是大多数人都想与在他们看来聪明的人竞争，去帮助他们认为不聪明的人。因此，装傻的目的就是分散对方的竞争精神。你怎么忍心去和那些请求帮助他们的人斗争呢？如果一个人说：“我不知道，你认为是什么？”你怎么能用竞争去取笑这样的人呢？面对这种状况时，大多数人会为对方感到难过，他们会让开道路去帮助他。

实战指南

谈判时装不明白要坚持以下几点意见。

争取时间，仔细考虑整件事情，这样才能全面思考接受对方的哪些条件，以及能提出额外要求的机会，直到得出结论。

请求其他让步。

在未产生敌对情绪的情况下，给对方施加压力。

在谈判中可以使用如下语句来装傻：“请再说一遍那些成语，好吗？我知道你们已说了好几遍了，但是由于一些原因，我没有听清楚，请再说一遍，好吗？”这样做让他们以为：“这次我遇到一个多傻的人啊。”用这样的方法，可以分散对手的竞争精神，从而可能会产生一种意想不到的妥协方案，还可能得到对方的帮助。

推进：巧用“最后通牒”

作为销售人员的你知道销售谈判中的“最后通牒”是什么意思吗？

最后通牒要善于运用时间限制吗？

最后通牒策略对公司有什么积极意义呢？

当谈判陷入停滞不前的境地时，进行最后通牒，这样可以达到销售谈判的目的吗？

最后通牒的“度”在哪里呢？

最后通牒策略是指当谈判双方因某些问题纠缠不休时，其中处于有利地位的一方向对方提出最后交易条件，要么对方接受本方交易条件，要么本方退出谈判，以此迫使对方让步的谈判策略。

最后通牒策略是极有效的策略，它在打破对方对未来的奢望、击败犹豫中的对手方面起着决定性的作用。

最后通牒策略以极强硬的形象出现，人们往往不得已而用之。它的最后结果是可能中断谈判，也可能促使谈判成功。因为一般来说，谈判双方都是有所求而来的，谁都不愿白白地花费精力和时间空手而归。特别是在销售谈判中，任何一个商人、企业家都知道，自己一旦退出谈判，马上就会有许多等在一旁的竞争者取而代之。

如果你确已发现，对方非常渴望做成这笔生意，而且肯定是在向着这个方向努力，只不过是由于某些具体细节，犹豫不决，拖拖拉拉，故意设置障碍。这时，你就不妨略施一下最后通牒的威力，或许会像一针兴奋剂一样，使他们一下子明白过来，抛开细枝末节。在急于谈成的心理和限定的时间的双重压力下，屈从你的意志，促进了协议的及早拟写和签署，而这种时限往往是自己虚构出来的。

需要说明的是，在绝大多数情况下，让对方知道你真有个时限，你在某月某日必须谈出个结果的事，是不明智的，因为那将使对方想用拖延战术来对付你。但是，如果他们真的知道或认为你的确有个时间限制，这时你就千万别瞒着。这时，你的言辞一定要坚定，不容置疑，要非常明确地告诉对方：“是的，我们的最后期限快到了，谈判必须在 8 月 10 日前有个结果，否则……”其实，真的时限是 9 月 20 日。这样，如果对方真想拖到最后才肯罢休，你在策略上就占了上风。就是说，你向对方谎报的早于真的时限的虚构时限到了，你也会连眼皮都不眨一下，对你没有多大影响，那你想做的这笔生意就很有可能做成。

即便如此，使用最后通牒策略也必须慎重，因为它实际上是把对方逼到了毫无选择余地的境地，容易引起对方的敌意。

→ 案例实操

最后通牒，达成交易

美国汽车世界巨子亚科卡在接手陷入困境的克莱斯勒公司后，觉得必须压低工人的工资。他首先降低了高级职员工资的10%，自己也从年薪 36 万美元减为 10 万美元。随后，他对工会领导人讲：“17 元一小时的活有的是，20 元一小时的活一件也没有。现在好比我用手枪对着你们的脑袋，还是放明白点。”这种强制威吓不讲策略的话语，当然效果不佳，工会当即拒绝了他的要求。双方僵持了一年，始终没有进展。后来亚科卡听从其智囊团一个成员的建议，一日突然对工会谈判委员会说：“你们这种间断的罢工，致使公司无法正常运转。我已跟劳工输出中心通过电话，如明天上午8点钟你们再不开工的话，将会有一批人顶替你们的工作。”

工会谈判委员会一时懵了，他们原本是想通过再次谈判，会在工薪的问题上取得新的进展，因而只在这方面做了资料和思想的准备。没想到，亚科卡会出其不意地告知将另聘新人的信息，并且下了最后通牒，务必在明天早晨8点钟前做出选择。被解聘，意味着他们将失业，这是他们所不愿看到的。因而，他们在短暂的讨论之后，基本上完全接受了亚科卡的要求。亚科卡与工会的谈判旷日持久，长达一年有余，为什么会在一朝解决？他正是利用了出其不意地提出最后通牒的方法打败了谈判对手，赢得了胜利。

从这个案例中，可见提出最后通牒，对于速战速决，尽快达成协议，尽快签约方面不失为一种非常好的策略。巧用“最后通牒”要体现出一个“巧”字来，以“巧”谋利。

巧手点金

1. 谈判中要充分了解最后通牒策略的应用情况

一般来说，只有在以下四种情况中，才能使用最后通牒策略。

（1）谈判者知道自己处于一个强有力的地位，别的竞争者都不如他的条件优越，如果对方要使谈判继续进行并达成协议的话，只有找他。

（2）谈判者已尝试过其他的方法，但都未取得什么效果。这时，采取最后通牒策略是迫使对方改变想法的唯一手段。

（3）当己方将条件降到最低限度时。

（4）当对方经过旷日持久的谈判，已无法再担负由于失去这笔交易所造成的损失而非达成协议不可时。

2. 谈判中要掌握最后通牒策略的成功条件

谈判者使用最后通谋策略，总希望能够成功，其成功必须具备以下五个条件。

（1）送给对方最后通牒的方式和时间要恰当。一般是在送出最后通牒前，想方设法让对方在你身上先做些投资。例如，先在其他次要问题上达成协议，在时间、精力等方面让对方有所消耗，等到对方的“投资”达到一定程度时，即可抛出最后通牒，使得对方难以抽身。

（2）送给对方最后通牒的言辞要委婉，既要达到目的，又不至于锋芒太露。言辞太锋利的最后通牒容易伤害对方的自尊心，因此多半是自讨苦吃。例如，“就是这个价钱，不然没什么可谈的了！”“接受这个条件，否则到此为止！”而言辞委婉的最后通牒效果要好一些。例如，“贵方的道理完全正确，只可惜我们只能出这个价钱，能否再融通一下。”这种留有余地的最后通牒，替对方留下退路，易于被对方所接受。

（3）拿出一些令人信服的证据，让事实说话。如果能替己方的观点拿出文件和道理来支持，那就是最聪明的最后通牒了。例如，“你的要求提得并不过分，我非常理解，只是我方单位的财务制度不允许。”

（4）送给对方的最后通牒内容应有弹性。最后通牒不要将对方逼上梁山，使其别无他路可走，应该设法让对方在己方的最后通牒中选择出一条路，至少在对方看来是两害相权取其轻。

（5）送给对方的最后通牒，要给对方留有考虑或请示的时间。在商务谈判中，让对方放弃原来的条件与立场，是需要时间的。因此，谈判者送出最后通牒后，还要给对方留有考虑的时间，以便让对方有考虑的余地。这样，可使对方的敌意减轻，不至于弄巧成拙。

实战指南

谈判时要熟练掌握最后通牒需要注意以下几个方面。

在销售谈判中，期限能使犹豫不决的谈判对手尽快做出决定，因为他们害怕过了这个村就没有这个店，时间给人造成某种压力，这种压力常常迫使对方改变战略。

当谈判陷入停滞不前的境地时，使之快速前行的最佳方法，就是进行最后通牒。谈判高手也常常把最后通牒作为达到某种谈判目的的手段。

谈判专家科思说："最后通牒是除信息和权力之外影响谈判结果的主要因素之一。"

最后通牒也可以说是用虚拟的事实为道具所表演的一种心理战略，它通过适用突发性的惊奇之举，以达到在一段时间内震憾对方心灵的目的。

心理："若即若离"的心理较量

你是否有足够的经验对很想做成的交易装出不在乎的样子吗？

对客户忽冷忽热的态度，有助于谈判的进行吗？

如何瞬间攻破客户的心理防线？

市场、行业发展与企业现状是谈判在心理较量的阻力还是后援？

你有在谈判僵局中发起反击的撒手锏吗？

如果持久僵持的后果是失败，你承担得起吗？

若即若离的策略是指在谈判中的一方虽然想做成某笔交易，却装出满不在乎的样子，将自己的急切心情掩盖起来，似乎只是为了满足对方的需求而来谈判，使对方急于谈判，主动让步，从而实现先“离”后“即”的目的的策略。若即若离策略是基于谁对谈判急于求成，谁就会在谈判中先让步的原理发生作用的。主要通过煽动对方的谈判需要而淡漠自己的谈判需要，使对方急于谈判，主动让步。

具体做法是，注意使自己的态度保持在不冷不热、不紧不慢的程度。比如在日程安排上，不是非常急迫，主要随和对方。在对方态度强硬时，让其表演，不慌不忙，不给对方以回应，让对方摸不着头脑，制造心理战术。本策略“离”是手段，“即”是目的。“离”不是消极的“离”，而是积极、有序的“离”；通过“离”激起对方迫切成交的欲望，而降低其谈判的筹码，达到“即”的目的。

在销售谈判过程中，什么情况都可能出现。有时，对方已经很难再听进去正面道理，正面进攻已经受挫，在这种情况下，不要强行或硬逼着他进行辩论，而应该采取若即若离的方式。这就如在战场上一样，有时对方已经戒备森严，设防严密，正面很难突破，这时最好的进攻策略就是放弃正面作战，设法找到对方其他部位的弱点，迂回前进，一举成功。在谈判桌上也是如此，当双方互不相让，正面交锋很难使对方让步时，就要暂时避开争论主题，找出双方感兴趣的题目，从中发现对方的弱点，然后针对其弱点，逐步展开辩论，使对方认识到自己的不足之处，对你产生信服感，然后，你再层层递进，逐步把话引入主题。由此可见，若即若离有时能起到迂回婉转、步步递进的作用。

案例实操

若即若离，发起反击

某电子仪器厂要引进一条电子产品生产流水线。在谈判开始前，中日双方为此都进行了大量的准备工作，日方专门派精通中国商务、会讲汉语的中国课课长和公司销售专务、驻华总代理兼翻译三人为主体的谈判班子来同我方谈判。日方在谈判一开始就给人以盛气凌人的印象，高报底盘，高出中方考察人员所掌握的外汇底盘 210 万美元。中方与之进行了 4 轮谈判，但日方总是盛气凌人，寸步不让，声称他们的生产线是世界之冠，独一无二，宁不成交也不降价。谈判陷入了僵局。

这时，中方派往日本考察的技术人员报告了一个重要信息，日方的生产受到韩国几家同类工厂产品的冲击，韩国生产线目前正在与日方争夺市场，日方对此深感头痛。我方谈判代表当即决定中止谈判，请日方等待我方的最后答复，给日方以我方无力支持的假象。而电子仪器厂则另派专家赴韩国考察，结果发现，韩国产品不如日本，价格也不低。但尽管如此，中方还是向韩国厂家发出了谈判邀请，同年 8 月，韩国谈判代表来到中国，受到中方的热烈欢迎，其热烈气氛超过对日方代表，并大造声势，宣布中韩双方已有了初步合作的意向。日方谈判代表得知这一消息大为震惊，立即把情况向日本公司进行了通报。日本人素来以竞争取胜，有时为争取市场而不惜代价，他们深知这种生产线在中国不只一家需要，失去一笔买卖就意味着失去中国整个市场。日方主动要求恢复谈判，我方以"暂不需要日方产品"为由予以拖延，想不到日方竟派中间商对中方进行游说，表示愿让利销售，中方同意恢复谈判。在谈判桌上，日方的态度来了个 180 度的大转变，大谈中日合作，日方愿支持中国的现代化建设，愿意给予最大限度的优惠。中方谈判代表听后不紧不慢地说："平等的竞争与选择是商业贸易的惯例，我们愿意倾听贵方的再次报价。"此话即暗示日方，我方已同韩国开始讨论价格问题，日方谈判代表马上明白了中方的意思，在再次报盘中提出一个比较合理的价格，我方乘胜追击，最后终于以满意的价格同日方达成了谈判协议。

这个案例即是应用若即若离策略的典型范例。我方针对日方担心失去市场的弱点，放弃正面进攻，针对其薄弱之处发起反击，步步递进，最终取得了胜利。这个案例中，中方在做好了谈判前的充分准备的情况下，合理分析市场现状、正确认识自己的实力，以不变应万变，最终赢得了这场谈判持久战的胜利。

巧手点金

1. 谈判过程使用若即若离策略的方式手段

（1）乘虚而入式。乘虚而入式，是在双方为价格条件而激烈交锋的过程中，利用对方急于进攻的心理，诱使对方透露出更多的信息，从中找出破绽，趁对方专心进攻，疏于防守之际，攻击其短处或漏洞，变对方不利为我方利益，从而在谈判中处于有利地位。

（2）声东击西式。声东击西是指在谈判过程，双方出现僵局，无法取得进展，于是巧妙地变换议题，转移对方视线，从而实现自己目标的方法。这种方法的特点是富于变化、灵活机动，既不正面进攻，又不放弃目标，而是在对方不知不觉中迂回前进，从而达到自己的目的。

（3）旁敲侧击式。旁敲侧击式是指在谈判很难取得进展时，不妨除了在谈判桌上同对方较量外，还可用间接的方法和对方互通信息，与对方进行情感与心理的交流，增加信任，使分歧得到尽快解决。

一个优秀的谈判人员应该认识到，在谈判中，并非所有的问题都必须拿到谈判桌上去讨论，谈判桌外的非正式交涉也占有极其重要的地位。运用旁敲侧击这种方法，同样可以沟通信息，了解对方的观点，及时提出相应的对策，促进谈判的进程。

2. 谈判中进行“若即若离”的心理较量一定要克服恐惧，练就“厚脸皮”

在这个世界上，成功的人之所以会成功，是因为他们总在想事物的积极方面，他们总能从黑暗中看到黎明，从失败中看到成功；而失败的人之所以会失败，是因为他们总在思考事物的消极方面，他们从希望中看到的是失望，在顺境中看到的是厄运。厄尔·南丁格尔曾经说过："无论是什么，只要我们将它植入自己的潜意识中，不断想象并注入情感，都会在某一天成为现实。""你在想什么，你就会得到什么"，这可以作为每一位销售人员的座右铭。

推销的恐惧心理，就是在推销的过程中，怕被别人注意或稍有差错就产生极度恐惧的情绪。它是一种对难堪或出丑表现的强烈和令人身心疲惫的恐惧感。拥有这种症状的人害怕在公共场合讲话，不愿意接触人，不愿意拜访客户，不敢向人推销。

要想彻底克服这种恐惧心理，就得练就一张"厚脸皮"。可以说，每一个从事销售工作的人最初都会有恐惧感，而如果更进一步问他们到底怕什么，他们可能会说："怎么可能改变别人的想法呢？如果别人拒绝我，我该怎么办？"

其实，对自己没有信心、怕丢面子是主要原因。勇气不是天生就有的，它也是靠我们后天培养的。

威名远扬的前英国首相丘吉尔曾说过："一个人绝对不可以在遇到危险时，背过身去试图逃避。若是这样做，只会使危险加倍。但是，如果立刻面对它，毫不退缩，危险便会减半。决不要逃避任何事物，决不！"

那些面对陌生人经常不敢迈出第一步，而是试图转过身去逃避的销售新人，如果能相信自己，勇敢地迈出第一步，以后的事就好办了。同时，如果你按照下面几个方面的要求去做，就必定会克服恐惧心理，闯过"面子关"。

实战指南

谈判中运用若即若离的心理较量策略时，应该注意以下几点。

要给对方以希望。谈判中表现得若即若离，每一“离”都应有适当的借口，不让对方轻易得到，也不能让对方轻易放弃。当对方再一次得到机会时，就会倍加珍惜。

要给对方以礼节。注意言谈举止，不能有羞辱对方的行为，避免从情感上伤害对方，转移矛盾的焦点。

要给对方以诱饵。要使对方觉得确实能从谈判中得到实惠，这种实惠足以把对方重新拉回到谈判桌上，不至于让对方稍“纵”即逝，使自己彻底“凉快”了。

远见：权衡短期利益与长期利益

你是否是用发展的眼光看待产品销售呢？

谈判的目的是为了长期的合作还是短暂的利益呢？

如果短期利益和长期利益相冲突时你应该如何处理？

用什么办法来令短期利益和长期利益结合起来呢？

处理好短期利益和长期利益的关系，对谈判有什么积极意义呢？

怎样最大限度地扫除障碍，使双方实现最大限度的合作，获取最大限度的利益呢？

谈判可能进行的前提条件是，各方都存在着尚未满足的欲望与需求，否则，他们就会对对方的谈判要求不闻不问，这样大家也就不可能坐在同一张谈判桌前。

需要和需要的满足是谈判的共同基础，要想通过对方使自己的需要得到满足，就必须把谈判当做参与各方彼此合作的过程。

在销售谈判中，各方的大部分谈判目的是基于经济利益目标达成某种协议，因此，更应该以沟通求合作，通过各方的共同努力以达到互利互惠的最佳谈判结果，皆大欢喜。

在沟通中讲合作，就必须对谈判的目标有一个正确的认识。谈判不是辩论会，不是体育比赛，更不是战争，没有必要非决出个胜负输赢。谈判的真正目标在于在双方都获得一定利益的基础上达成某种协议。

然而实践中往往并不这样，因为在复杂的商务活动中，共同利益往往比较模糊，并不是很明显，而且每一方都希望自己能得到更多、失去更少，这无疑是一种不明智的做法。

企业发展如帝国兴衰，不断产生，不断兴盛，又不断消亡。彼得·杜拉克认为：企业的平均生命周期，至少以它成功的时期而言，从未超过30年以上。但是现实中也有许多诸如花旗银行、通用电气等历百年而不衰的企业。

纵观中外企业兴衰发展的历史，一个普遍的事实是：但凡急功近利、过分追求短期利益的企业，生命周期都比较短，而那些志存高远、注重追求长远利益的企业，大都实现了基业常青。因此，企业必须正确地处理短期利益与长期利益的关系，要学会在短期的繁荣与长远的存活中求取平衡。

案例实操

短期利益与长期利益如何选择

因为钱紧的原因，某公司选择了国内公司的CNC加工中心，先后买了4台，结果使用下来发现质量比台湾某品牌质量差了一大截。前期2台从调试到正式稳定生产用了两周，且在使用的过程中大小问题不断出现，总体来讲售后还是能及时服务的。后期2台更是离谱，调试就用了将近三个月，售后服务需要一周时间，更为夸张的是为了调试成功2台机床，现场竟将8台机器换来换去。其实这家公司计划是采购12台CNC加工中心的，结果这些事情让这家公司彻底放弃了那家CNC生产公司。

那家生产CNC中心的公司从一开始就选择了短期利益而不是长期利益。无论是从今后的订单获取或者是品牌的创立方面，都没有考虑，只是单纯地以商业利益为第一。

而另外一家德国公司为了进军中国市场，不惜成本在中国市场布置三年，连续三年每年都亏损，最后站稳脚跟取得了很好的经济效益。应该佩服德国人的长远打算，不计较短期利益。当然前提是能亏损、不倒闭。

这个案例中，反映了短期利益与长期利益如何选择的问题，可以看出，在销售中我们要正确权衡短期利益和长期利益，要处理好二者的关系，不要短视，才能使企业长期发展，立于不败之地。

巧手点金

1. 谈判中要认识短期利益与长期利益的对立关系

一方面，短期利益与长期利益具有对立性。企业的短期利益主要是体现为当期的表面利润和眼前的会计收入，长期利益则主要体现为长期稳定的盈利增长或市值增长（指上市企业）。

企业长期稳定的盈利增长目标的实现，是各种因素共同作用的结果。就企业自身条件看，包括各种资源的持续投入、管理水平的持续提升、内控能力的持续提高、市场拓展的持续深入、服务质量和业务流程的持续创新和不断优化以及社会影响力的逐渐扩大等。如果过于追求短期利益，企业的经营管理者由于承受着巨大的财务压力而忙于应付各项指标任务的完成，自然就会忽视以上条件的创造与维护，失去对企业长期发展的战略考虑，失去一些重大的投资机会，失去未来的竞争能力和发展后劲。这样就难以实现企业长期稳定的盈利增长，而使企业的长期利益受到影响。

如现代物流业的服务延伸，不规范的仓单质押就是一种高风险业务。如果片面地追求眼前利益或账面利润，往往会在业务发展过程中放松风险管理，累积风险隐患，背上不良资产包袱。追求长期利益，符合企业自身的发展规律，是保证企业经营安全的客观要求，更是企业效益、质量、规模寻求平衡的科学发展观。

另一方面，短期利益与长期利益又具有统一性。一定条件下的短期利益是长期利益的基础，与长期利益是一致的。长期利益包含在短期利益之中，短期利益是长期利益的阶段性实现形式。没有一定的短期利益，企业追求长期利益就会缺乏动力，失去支撑，长期目标也就难以实现。完全不顾短期利益是不现实的。

在竞争越来越激烈的市场环境中，企业如果不能及时抓住稍纵即逝的市场机会，进行卓有成效的市场开拓，就很难站稳脚跟。如果不能紧紧把握发展中的每一次机遇，扎扎实实地走好发展中的每一步，企业就会很被动，并逐步丧失竞争力，最终败下阵来，更谈不上对长期利益的追求。企业追求长期利益，关键是要在长期利益与短期利益之间寻找平衡点。

短期利益与长期利益的辩证关系表明，企业的短期利益要服务并服从于企业的长期利益。追求长期利益，才是企业工作的出发点和落脚点。

2. 谈判中要注意短期利益与长期利益的结合

统筹兼顾企业的短期利益与长期利益。企业实现短期利益与长期利益二者之间的统一，重要的一环是要制定一个科学的、切实可行的发展战略。

长期利益的追求是一个不懈努力的过程，而这个过程本身是各个阶段性的短期利益的持续实现。要通过科学的发展战略的制定与实施，不断追求长期目标，顺利完成每一阶段的任务，从而有效保障企业的长期利益。而一个科学的企业发展战略，应立足现在，放眼未来，针对自身，面向全局，做到短期利益与长期利益的统筹兼顾。

总之，能否处理好长期利益和短期利益的关系，是检验一个企业成熟与否的重要标准。在任何时候、任何条件下，企业的短期利益都必须服从、服务于长期利益，所有的努力都必须以长期利益的实现为出发点。

实战指南

谈判时正确权衡长短期利益要注意以下几个方面。

要确定战略指引，引导长期利益。企业长期利益的追求必须以科学的战略指引为导向。没有战略指引，企业在发展过程中就很容易被一些眼前的短期利益所诱惑，急功近利而偏离健康的发展轨道。

制定发展策略，健全管理体系。长期利益的追求和长远目标的实现，仅仅有一个科学的战略指引是不够的，还需要有科学的发展策略和健全的管理体系。

明确战略实施，谋划战略部署。长期利益的追求体现在日常工作中一步步的扎实推进，战略目标的实现则有赖于一步步的战略实施。

在任何时候、任何条件下，企业的短期利益都必须服从、服务于长期利益，所有的努力都必须以长期利益的实现为出发点。

摸底："推"出对方的底牌

在谈判中你如何把握与他人相处的尺度，掌握恰当的距离？

摸清对方底牌对销售谈判有什么好处呢？

你懂得察言观色，打破对方的心理防线吗？

底牌包括哪些方面呢？

没有底牌，或者根本就不知道自己到底要什么的时候，这种情况下，你怎么去"推"呢？

如果做出"推"了，但是没有达到预期的目标，你怎么办呢？

在谈判中，对方的底价、时限、权限及最基本的交易条件等内容，均属机密。谁掌握了对方的这些底牌，谁就会赢得谈判的主动。

生活处处有谈判，"大到国家事务，小到买菜、买衣服，都在谈判之中"。谈判的内在是有一套逻辑的，只要按照这套逻辑逐渐推进，将会达到最有效的成果。

"推"出对方的底限、底牌，是谈判进行过程中的重要工作。这也是众多谈判老手在新手面前，一再耳提面命的金科玉律。可是，它到底对不对呢？

有时候，这句话显然是对的。比如你在谈判时，对方在谈判桌上告诉你，他要求的单价是100元，可下了谈判桌，你跟他闲谈时，即使对方坚持不谈公事，我们也可以从谈单位的趣事或家庭生活的琐事入手，判断出这个谈判成得了成不了。

在谈判阶段中，谈判者容易进入一些误区，譬如自杀式开局，在谈判一开始就谈价格，价格谈不拢就“拜拜”了；要不就是拒绝与对方进行信息交换；或者在走到最后成交的时候，才发现超出预算，孰不知当初为了急于成交，让对方把仅存的利润也削掉了，还自以为维护了客户关系。这些误区使很多企业丢失了大量本应属于自己的销售机会。

然而，这是在对方有底限、底牌的情况下，有的时候人们并没有底限、底牌，或者根本就不知道自己到底要什么的时候，这种情况下，你怎么去“推”呢？

这就要学会进入对方的内心世界，其实也并不需要刻意制造一些无聊的话题去迎合对方，你只要很自然地把握机会，适时展现一些好奇心，自然你们的关系也就这样逐渐建立起来了。应该说，这种技巧是完全可以练出来的。

案例实操

运用技巧，推出底牌

比如一位女士到一家服装店去买衣服，在进店前，她心里盘算着，绝不能超过500元的预算。但谁有把握，她一定不会花超过500元的钱？说不定她会花上800元，甚至1000元，买件自己不忍释手的衣服呢。那么，为什么她会花超过500元的钱买衣服呢？因为500元只是她大致设定的，她根本不曾清楚计算过自己的底限如何。其实，我们很多人在买东西时，都是这样的。

假如你是这家服装店的老板，你是否会在顾客犹豫不决时，慢慢地跟顾客聊天，逐步了解顾客杂七杂八的想法，然后把它理出一个头绪，排出优先顺序。接着再用消除法，把顾客的不满意处一一除掉，“这一点你多虑了”“这一点正合你意”。最后，剩下的唯一的选择，那就是买你的衣服。

这就是我们所说的“推”出对方的底限，帮助对方做出决定。就这么简单。

帮助对方做出决定的例子还有很多。像餐厅服务员帮客人点菜，就是帮助顾客做出决定。但重要的是必须有耐性，不厌其烦地和对方“谈”，这样才有可能进入对方的内心世界。任何想速成，或不愿和对方多谈的人，通常都不易成功。

比如，你有一个朋友，他出外旅游归来，你可以找个机会问问他旅游的情形。只要你不是存心敷衍，而是真的有兴趣想了解他旅游的情况，通常都会从对方口中得到一些意想不到的信息。信息越多，双方将来的“话题点”也就越多，也就越容易进入对方的内心世界，自然你们的关系也就这样逐步建立起来了。

这些案例中，都讲到了“推”的作用，从对方的话里面，去“推”出他们的意见或感受的底牌。这种方法可以使对方觉得他受到尊重，并且实际参与了决策的过程。如果你能灵活地运用这些技巧，大概也就没有你“推”不出的对方底牌了。

巧手点金

1. 谈判中的摸底策略——程咬金三板斧摸清对方底牌

有效的摸底成为谈判成功的关键。谈判跟我们平时打牌一样，当谈判开始时，我们就要在自己不出牌的前提下，尽快让对方亮出底牌。不要因为对方要求你报厚道的“一口价”就将自己的底牌和盘托出。

程咬金有他的制胜三板斧，而谈判也有“三板斧”，那就是降低期望、降低价格以及界定区间。巧妙运用谈判三板斧，摸底阶段也就基本成功了。

（1）一板斧：降低期望。

人在消费过程中容易出卖自己，对方的底牌还没出，自己的就已经先出来了。简单的一句：“哇，这么贵呀！”不仅保留自己的底牌，还能降低对方的心理预期，给对方制造压力。人在进入压力的状态下，容易因个人经验不足造成失误，这时我们再进一步探询底价，可能会得到供应商主动降价，然后再考虑报价问题。

（2）二板斧：试探底价。

关于“先报价还是后报价”，惯例都是卖方优先报价，但是卖方所报的价格仅仅只是虚价而已，卖方实质上也有后报价的机会，同样买方也可争取先报价的机会。如果你非常熟悉对方的心理价位，或者对方显然是外行，当然可以争取先报价。而先后报价并非绝对，因为摸底仅仅是谈判的一个小阶段，更多更大的利益协商都是在谈判中后期完成的，如果手法得当，先后报价对谈判结果的影响是可控的。

（3）三板斧：“狮子大开口”界定区间。

由于行业壁垒，所以我们通过询价是难以询到底价的，因此在摸底的时候要尽量“狮子大开口”，把价格开到对方不可接受的地步，才有机会让对方透露出底价。但需注意的是，要向对方表达足够的诚意，给对方一个“我们要谈”的信息，尽量避免谈判破裂，使谈判得以进行下去。“大开口”的目的只是要一个价格区间，不要在价格上做过多的纠缠。另外，面对对方不合理的价格或条款，不要直接生硬地拒绝，“得理不让人”式的谈判是商场大忌，语言要适当婉转。

2. 谈判时要善于从眼睛看透对方的性格

著名短篇讽刺小说大师欧·亨利曾说过：“人的眼睛都是探照灯。”可见，眼睛毫无疑问是人们心灵的密码，是感知世界的重要渠道。不管一个人用多么高强的技巧来隐藏自己的性格与内心，但只要一看他的眼睛，就随时能窥视对方的内心秘密。毕竟一个人的言语、动作、情态等可以伪装，而眼神是无法伪装的。因此，当我们想要了解对方的真实意图时，要把焦距放在眼睛上，只有眼睛才是心灵的窗户。

眼睛虽然只是人身上的一个很小的器官，但却起着非常大的作用。它不仅可以流露出一个人的情感，更可以泄露一个人的心理密码。在当今社会里，我们都不免要接触各种各样的人，为了能让自己在谈判中立于不败之地，除了对别人以诚相待外，还要多留意一下对方的眼神，让自己在交际中占据主动地位。

实战指南

谈判时“推”出对方底牌要注意以下几个方面。

谈判时要轻轻点头，并发出点声音作回应。谈判专家把这种技巧称作“喂他”，就是“喂”对方一些反应，鼓励他继续“吐”信息。

如果对方说了一些重要的信息，或者好不容易说出一些埋藏在心里的话，说完之后，我们不要立即反应。最好保持一两分钟的沉默、冷场，表示你正在吸收或慎重思考他传递的信息。这段沉默有时还会让对方再说出一些“信息”或“结论”，或者再强调一些信息，而这些信息一般都是相当重要的部分。

从对方的话里面，去“推”出我们的意见或感受。这种方法可以使对方觉得他受到尊重，并且实际参与了决策的过程。

第六章　以退为进，取而不舍

——谈判中的让步哲学

谈判要想有结果，双方都需相互做出妥协和让步。所以，在谈判时要给自己留一个回旋的余地，让双方利益在合适的条件下妥协下来。要理直气壮地坚持原则，同时也要在具体问题上做出一定的妥协，以便更好地达成协议。谈判中妥协和让步是必要的，问题在于何时让步，何时妥协。该争的一定要争，可是让步要掌握程度和时机；让步必须是双方面的，不能是单方面的。

人情：用让步“培养”关系

有足够的利润为客户做出让步吗？

让步是无止境、无限度的吗？

拒绝让步对本行业和本公司有什么影响？

适当的让步能够更好地培养人际关系吗？

如果做出让步，对公司和销售人员有什么影响吗？

谈判是双方不断让步和妥协，最终达到价值交换的一个过程。让步既需要把握时机又需要掌握技巧，有时一个小小的让步会牵扯到整个谈判过程，也不能说一步也不让。

一些谈判者从头到尾都坚持着自己的让步，不清楚让步的真正目的，最终的结果往往都是将自己逼入绝境。这些谈判者除了缺乏对谈判的了解之外，也多少跟自己的性格有一些关系，因为他们不愿意为了一桩小事而影响日后的交易。这种对于谈判的理解在业界是非常普遍的，也是极其危险的。

宋朝罗大经的《鹤林玉露·临事之智》中写到：“大凡临事无大小，皆贵乎智。智者何？随机应变，足以得患济事者是也。”从一定意义上说，聪明的人是可以随机应变、见风使舵的。

让步的最终目的是使自己永远处于主动地位，以实现谈判目标。具体一点说：让步也就是保持主动和被动变为主动两种情况，大致可分为四种情境。

（1）远虑：人无远虑，必有近忧，对远虑的让步是最具战略意义的让步。一个人只有高瞻远瞩，拿得起放得下，能屈会伸，才能争到主动地位。

（2）近忧：远虑不及，必生近忧；并且，即使深谋远虑，但由于外部形势变化莫测，也难免不生近忧。

（3）处危：进化不解，酿成急祸，于是处危又是让步的一种境遇。处危让步，或虚张声势，或以攻为守，或将计就计，不一而足。通常而言，处危让步最能反映一个人的应变智谋和胆略。

（4）临机：这是一种随意、温和的情境，在这种情境下，善于见机行事，处世变通，是一个人在日常交际中人情操纵水平的重要表现。

案例实操

自圆其说，培养人际关系

大太监李莲英为人机灵、嘴巧，善于取悦慈禧，这种机灵常常为慈禧和下属排忧解难。

慈禧爱看京戏，常以小恩小惠赏赐艺人一点东西。一次，她看完著名演员杨小楼的戏后，把他召到跟前，指着满桌子的糕点说："这些赐给你，带回去吧！"

杨小楼叩头谢恩，他不想要糕点，便壮着胆子说："叩谢老佛爷，这些尊贵之物，奴才不敢领，请……另外恩赐点……"

"要什么？"慈禧心情高兴，并未发怒。

杨小楼又叩头说："老佛爷洪福齐天，不知可否赐个'字'给奴才。"

慈禧听了，一时高兴，便让太监捧来笔墨纸砚。慈禧举笔一挥，就写了一个福字。

站在一旁的小王爷，看了慈禧写的字，悄悄地说："福字是'示'字旁，不是'衣'字旁的呢！"杨小楼一看，这字写错了，若拿回去必遭人议论，岂非有欺君之罪，不拿回去也不好，慈禧一怒就能要自己的命。要也不是，不要也不是，他一时急得直冒冷汗。

气氛一下子紧张起来，慈禧太后也觉得挺不好意思，既不想让杨小楼拿去错字，又不好意思再要过来。

旁边的李莲英脑子一动，笑呵呵地说："老佛爷之福，比世上任何人都要多出一'点'呀！"杨小楼一听，脑筋转过弯来，连忙叩首道："老佛爷福多，这万人之上之福，奴才怎么敢领呢！"慈禧正为下不了台而发愁，听这么一说，急忙顺水推舟，笑着说："好吧，隔天再赐你吧！"就这样，李莲英为二人解脱了窘境。

这个案例中，李莲英的借题发挥，将错就错，为慈禧做出让步，维护了其人际关系。对于错误的纠正和提出，都是不圆的做法，把错误说"圆"了，才能看出让步的好处。

巧手点金

1. 谈判中要让步，必须做到奇妙对比，体现个性

1991 年 11 月，李雪健因主演《焦裕禄》同时获得"金鸡奖"和"百花奖"两个大奖，他在答谢时没有用别人常说的套话，只是诚挚地说了一句："苦和累都让一个大好人焦裕禄受了，名和利都让一个傻小子李雪健得了。"他的话刚停，全场掌声雷动。他的演讲不仅让人"开胃"开心，而且让人了解了他的人格，对他产生了几分敬佩。他的演讲如同他的形象一样印在了观众心中。

受表扬的人即兴发言恐怕是最难讲的，因为感谢的心情往往难以表达。要想演讲成功，除了简练得体，还要注意互相对照、映衬，这样会令你的演讲更有意思、有趣味，还能给别人留下很深的印象。

2. 谈判中要让步，就要学会顺手牵羊，为我所用

在即兴演讲中把别人刚说的也用在自己的演讲中，既方便又有趣。只要用得巧妙就可给自己的演讲增添光彩。

1948 年，郭沫若在萧红墓前即兴演讲时就用了顺手牵羊这一招儿。他简单谈了“五分钟演讲”之困难后，就顺手把另一位演讲者的话：“我听了刚才 × 先生的 2 分钟演讲，太漂亮了！他说：人民的作家萧红女士，一生为人民解放事业奔走，到头来死在这南国的海边，伙伴们把她埋在这浅水湾上。今天，围绕在她周围的都是年轻人，今后的日子里不知有多少年轻人来围绕着她。朋友们！我们是年轻人，我们没有悲伤，我们没有感慨，请大家向萧红女士鼓掌。太好了，我的 5 分钟演讲只好改变计划了，让我把年轻引申来说一下吧。”他的话立即使气氛变得轻松活跃起来。

本来是重复别人的，最后却把自己的想法说了出来；既赞扬了别人，又为自己的演讲助了兴，真可谓顺手牵羊，一举两得。

然而有些人只要兴致一来便忘乎所以，一发挥便如滔滔江水连绵不绝。俗话说，识时务者为俊杰，演讲者如果不会见风使舵，随机应变，就算是再有口才，也只能令人生厌，让听众“腻味”。

实战指南

谈判中用让步“培养”关系需要注意以下几个方面。

不怕欠“人情”：有时候我们会因为销售人员热情的服务感觉好像欠了人家的“人情”，而在谈判中不断让步。其实要确立心理上的优势，那就是“顾客永远是上帝”，不怕欠别人的“人情”。

让步要让的有价值，才能培养出更好的人际关系。

让步的最终目的是让自己永远处于主动地位，以实现谈判目标。

谈判让步，要善于因势利导，化尴尬为神奇。

谈判让步，要学会以德报怨，赢得人心。

缓进：让步也可以“分期付款”

你是否有足够本钱做出让步？

怎么才能使谈判达到一个平衡点？

让步也可以“分期付款”吗？如何才能做到“分期付款”？

分期付款对销售人员和消费者的利益关系有何影响？

如果做出让步，谈判还是失败，你承担得起吗？

让步“分期付款”，也就是渐进式让步，其心理机制是“取乎上，得乎其中”，即先把要价尽量开得高一些，然后根据谈判对手的反应逐渐让步，直到双方达到一个“平衡点”为止。这种方式具有很强的试探性和回旋余地，在外部环境比较复杂险恶，或者对外界信息掌握得不够充分的情况下，采取这种方式可以避免自我“套牢”和无法挽回的损失，因而比较稳妥和有分寸感。

谈判是斗争与合作、进取与让步的辩证统一体，没有让步的谈判很难成为真正的谈判。让步是使用得最多的一种策略，要把让步当做谈判成功的一条必要性原则。但不要做单方面的让步，让步必须是双方的。当然，双方让步也并不意味着非要对等，非要走同样多的步子不可。

谈判就是谈判，在工作之外你可以和对方促膝谈心，成为莫逆之交，但在谈判桌前就要以退为进，取而不舍，要清楚你代表着的是企业行为而决非个体。

“分期付款”式让步是一种常用的办法，使用久了，会让谈判者感到厌倦，因为所有的谈判者在让步时都像切香肠一样，把他们的让步切成小片，切得越薄越好，而每做一点点让步，拖的时间越长越好。这种办法给人以“虚假”的印象，由于双方都不知道哪个是最后一片香肠，因而双方都想等着瞧，这样就进一步拖长了谈判的时间。双方消磨了过多的时间精力，都志在必得，压力也就不可避免地越来越大，这样也就容易使谈判者走火，超出慎重的界线。

案例实操

让步策略——“分期付款”

周恩来在他的谈判实践中，特别是在新中国成立以前的谈判实践中，多采用让步策略。1945年重庆谈判，有一个重要议题是讨论中共军队的整编数目问题。谈判前，我方曾设想确保军队五十三个师。在谈判中，周恩来最初让为四十八个师，国民党方面不同意，认为中共军队编为十二个师在中央已为可允许的最高限度。其代表张群还说：“今即允为十二个师，已实为顾及中共之困难。而今兄等提出仍要四十八个师，与政府相距实在太远。”周恩来征求毛泽东的意见后，决定再做出让步，即国共双方军队由原来六比一改为七比一的比例，进行同步缩编，我方军队数目就由四十八个师减少到四十三个师，但国民党仍不同意。直到最后签订《双十协定》前夕，又一次作出让步，即在政府确保公平合理地整编全国军队、确定分期实施计划，并重划省区，确定征补制度的前提下，“中共愿将其所领导的抗日军队中现有二十四个师缩编至二十个师的数目”，国民党这才表示可以考虑。在解放区的区域调整和行政干部的任用方面，周恩来也采取了让步策略，把握住了让步的分寸和限度。

这个案例中，反映了最常见的谈判方法——让步策略，这种让步方式代表一种更为奇特和巧妙的让步策略，因为它更加有力、巧妙地操纵了对方的心理。第一轮先做出一个很大的让步，第二轮让步已经到了极限，但在第三轮却安排小小的回升（一般情况下对方当然不会接受），然后在第四轮里再假装被迫做出让步，一升一降，实际让步总幅度未发生变化，却使对方得到一种心理上的满足。

巧手点金

1. 互利互惠的“分期付款”让步策略

谈判不会是仅仅有利于某一方的洽谈。一方做出了让步，必然期望对方对此有所补偿，获得更大的让步。一方在做出让步后，能否获得对方互惠互利的让步，在很大程度上取决于该方谈判的方式：一种是所谓的横向谈判，即采取横向铺开的方法，几个议题同时讨论、同时展开、同时向前推进；另一种是所谓的纵向深入方法，即先集中解决某一个议题，而在开始解决其他议题时，已对这个议题进行了全面深入的研究讨论。采用纵向商谈，双方往往会在某一个议题上争持不下，而在经过一番努力之后，往往会出现单方让步的局面。横向谈判则把各个议题联系在一起，双方可以在各议题上进行利益交换，达成互惠式让步。争取互惠式让步，需要谈判者具有开阔的思路和视野。除了某些己方必须得到的利益需要坚持以外，不要太固执于某一个问题的让步，而应统观全局，分清利害关系，避重就轻，灵活地使己方的利益在某方面能够得到补偿。

为了能顺利地争取对方互惠互利的让步，谈判人员可采取以下的技巧。

第一，当己方谈判人员做出让步时，应向对方表明。做出这个让步是与公司政策或公司主管的指示相悖的。因此，己方只同意这样一个让步，即贵方也必须在某个问题上有所回报，这样我们回去也好有个交代。

第二，把己方的让步与对方的让步直接联系起来，表明己方可以做出这次让步，只要在己方要求对方让步的问题上能达成一致，一切就不存在问题了。比较而言，前一种言之有理，言中有情，易获得成功；后一种则直来直去，比较生硬。

2. 予远利谋近惠的“分期付款”让步策略

在销售谈判中，参加谈判的各方均持有不同的愿望和需要，有的对未来很乐观，有的则很悲观，有的希望马上达成交易，有的却希望能够等上一段时间。因此，谈判者自然也就表现为对谈判的两种满足形式，即对现实谈判交易的满足和对未来交易的满足。而对未来的满足程度完全凭借谈判人员自己的感觉。

对于有些谈判人员来说，可以通过给予其期待的满足或未来的满足而避免给予其现实的满足，即为了避免现实的让步而给予对方以远利。比如：当对方在谈判中要求己方在某一问题上做出让步时，己方可以强调保持与己方的业务关系将能给对方带来长期的利益，而本次交易对是否能够成功地建立和发展双方之间的这种长期业务关系是至关重要的，向对方说明远利和近利之间的利害关系。如果对方是精明的商人，是会取远利而弃近利的。其实，对己方来讲，采取予远利谋近惠的让步策略，并未付出什么现实的东西，却获得近惠，何乐而不为。

实战指南

谈判中运用“分期付款”让步策略时要注意以下几个方面。

谈判要有结果，必须掌握“互动”的原则，在不损害自身根本利益的情况下做出一定让步，以打破僵局，但这必须以对方表现出谈判的诚意为条件。对方有了诚意，有了松动，就要把握时机，以求成功。

让步的目的是能扭转局势。在谈判中，让步不仅存在一个适度的问题，还存在一个适时的问题。时机未到，让步只会被对方视作软弱可欺，不但达不到解决问题的目的，反而还助长了对方勒求的欲望。

在现代销售谈判特别是日常的买卖行为中，让步策略仍占据主导地位，但“分期付款”式让步的好处也正在被越来越多的人所认识。

谈判有时要坚持下去，有时则要体会后下次再说，有时要据理力争，有时需要暂时退却、待机而进，战略战术的娴熟运用，全凭谈判者的智慧与经验了。退一步、进两步这个策略，也是谈判者常用的技巧。

价值：你的让步必须被凸显出来

该怎么对待那些挑剔的客户呢？

如果对方有更强大的阵容或更有威力的武器，你该怎么办呢？

通过与客户的短暂接触，你能否很快做出是否让步的决定？

怎么才能让你的让步凸显出来，去换取对方更大的让步？

你的让步被凸显之后的谈判效果是怎么样的呢？

虽然谈判时要尽量守住自己的立场，但有时候必须要做出让步，让你的让步尽量凸显出来，否则谈判无法达成一致，前期的努力就全白费了。

在谈判阶段让步时，必须牢牢把握住几个方面：怎么让？让步时怎么守住自己的立场？让给谁？什么时候让？谈判者要处理好这几个问题，既能使自己的让步最小，又能最大限度地让对方满意，让自己有面子。

谈判中的相互让步，如果从策略角度来研究的话，甚至可以把它理解为相互妥协，因为无论是政治谈判，还是经济谈判，抑或其他谈判，要想获得谈判的成功，总是少不了妥协。而让步则是妥协经常使用的方法。通过让步即妥协来避免冲突或争执，从而推进谈判进程。当然这里的妥协绝不是一味地退让，而是有条件地换取。作为优秀的谈判者，每当临近相互让步的磋商阶段，至少要处理好：何时让步，如何让步，让步能换来什么等问题，这里充满着技巧。

销售谈判过程中的讨价还价时时可见，如何做好让步，使的让步凸现出来，要因人判断。一步到位的让步，可能会使有的消费者认为该产品还有很大的让步空间；有的则相反，喜欢做事利落一步到位。也就是说，这个方式适合这样的消费人群。对于“挤牙膏”式的让步方式，在销售过程中，双方来来回回交流商量，很浪费时间，但争取的时间和机会较多。每次都有小许让步，会让消费者有心理上的满足感，那这样的让步方式可能更适合开朗、喜欢交流的消费群体。

案例实操

凸显让步，满足客户

A公司想以每亩60万的价格转让一块土地，这块土地有相当大的增值前景。但在谈判的报价阶段，A公司报价为120万/亩，以便试探对方的反应。其实买方事先已对这块土地进行过估价，也调查过周边的土地价格，结论是市场合理价格在58万~60万元/亩。买方提出50万元/亩的出价。由于A公司急欲将这块土地脱手，随即同意把价格降为80万元/亩，即原来的2/3。由于卖方一开始就做出了大幅度的让步，所以在接下来的谈判中就失去了主动性，任凭买方“砍价”，毫无还手的能力。最终结果是按55万元/亩成交。事实上，这块土地至少可以按58万/亩的价格转让。

上述例子表明，A公司不应该那么快就做出大幅度的让步，使得买方坚定对这块土地价格的信心，迫使A公司做出多次让步。

因此，在商务谈判中，即使必须让步，你也不要轻易先做出让步。经验证明，未经施压就做出的让步价值不大，对方会把它看成是争取其他让步的起点。

这个案例中，反映了最常见的谈判方法——让步策略，因为它更加有力、巧妙地操纵了对方的心理，让对方不得不进行让步。

巧手点金

1. 谈判中丝毫无损的让步，使你的让步凸显出来

丝毫无损的让步是指在谈判过程中，当谈判的对方就某个交易条件要求己方做出让步，其要求的确有些理由，而对方又不愿意在这个问题上做出实质性的让步时，采取这样一种处理的办法，即首先认真地倾听对方的诉说，并向对方表示：“我方充分地理解您的要求，也认为您的要求是有一定的合理性的，但就我方目前的条件而言，因受种种因素的限制，实在难以接受您的要求。我们保证在这个问题上我方给予其他客户的条件绝对不比给您的好。希望您能够谅解。”如果不是什么大的问题，对方听了上述一番话以后，往往会自己放弃要求。

谈判是具有一定艺术性的。人们对自己争取某个事物的行为的评价并不完全取决于最终的行为结果，还取决于人们在争取过程中的感受，有时感受比结果更重要。在这里，己方认真倾听对方的意见，肯定其要求的合

理性，满足了对方受人尊敬的要求，保证其条件待遇不低于其他客户，进一步强化了这种受人尊敬需求的效果，迎合了人们普遍存在互相攀比、横向比较的心理。

2. 谈判中要以战略性让步改变情势

在谈判过程中，理性谈判者都会对谈判的发展做出预期，并根据自己的预期制定应对措施。如果自己的每个反应都在对方的预期之中，对方就可以有条不紊地实施应对战略，谈判者在谈判中就可能处于被动。以战略性让步改变情势，就是通过做出对方认为绝不可能的让步，破坏对方的预期，打乱对方的部署，从而把谈判的主动权抓在自己手上。战略性让步可以在谈判的任何阶段使用。同时，谈判者应警惕对手采用这一战略，要在谈判前充分估计各种可能。

3. 谈判中，让步收尾的战术

如果谈判在进入最后阶段还继续僵持，谈判者很可能心生焦躁。如果需要与对方有长期合作，需要建立良好的互信关系，不妨使用突然让步的收尾战术，即在坚持一段时间自己的要求，决不让步之后，在对方快要失去耐心之时，突然做出比较大的让步结束谈判，卖对方一个人情，皆大欢喜。

这种战术看似与“让步幅度要小”这一谈判原则矛盾，其实不然，关键在于如何把握“较大的让步”。这一让步应该只是相对较大，而不是绝对的大，不能大到让对方觉得还有无限砍价的空间，否则不但不能结束谈判，甚至会让对方得了好处还不领情。

很多谈判的让步收尾并不干净利落，为了画下一个圆满的句号，谈判者往往要通过推拉，让谈判顺利落下帷幕。推和拉是谈判的让步收尾工作中常用的策略，需要配合使用，只有又推又拉，才能取得最佳效果。

实战指南

谈判时想要让让步凸显出来要注意以下几个方面。

谈判桌上不能存在任何的侥幸心理，谈判本身是一件非常严谨的事情，要用正确的方法去面对每一次交易，最终提高谈判的成功率。

不要让买方产生更高的期待，正确的方式是：逐步缩小让步的幅度，让买方认为价格已触及底线，不可能再有任何让步了。

第一次让步需要比较合理，要凸显你的让步，要充分激起买方的谈判欲望。在谈判中期不要轻易让步，之后的每一次让步幅度都要递减，并且要求买方在其他方面给予回报，最后的让步要表现出异常的艰难，必要时要使用上级领导策略，引导买方顺着你的思路进行谈判，最终取得双赢的交易。

有偿：没有回报，绝不让步

谈判中为什么一定要你先让步呢？

你怎么就能确认对方不会让步呢？

当所有销售员都在价格上不断地让步，那么公司拿什么来盈利？

你愿意做亏本的、没有回报的买卖吗？

如果不做出让步，谈判失败，你承担得起吗？

在谈判过程中，不要以为你善意的让步会感动对方，使谈判变得更加简单而有效，这只是一相情愿的想法。事实上恰恰相反，在你没有任何要求的让步下，对方会更加有恃无恐、寸步不让，并且还会暗示你做出更大的让步，想以让步来换取对方的让步是决不可能的。

要记住：谈判桌前并不是交朋友的场所。一些销售人员认为谈判总需要有一方做出让步，否则谈判将无法进行下去。这种理念听起来确实不错，但问题是为什么一定是你先让步呢?

你的让步或许使对方会认为你在表示诚意，但老谋深算的对手决不会这么看，他们不会被你的诚意所感动，相反，他们会认为你软弱可欺，谈判的态度会越发强硬起来，会变本加厉来迫使你再次让步。

也许你经历过这样的情景：千辛万苦地开发了一个重要客户，对方虽然认可了你的产品，但始终不同意接受产品的价格，你当然不能让煮熟的鸭子飞了，无奈之下做出了价格让步，但有言在先，下次订货时要按标准价格执行，对方满口答应。好容易盼到他们再次要货了，出乎你的预料，他们不但不认可标准价格，还威胁你如果不给予相当的折扣，他们会与其他的供应商合作，而且永远不再和你来往了，此时此刻，你的肺可能快要气炸了，但又有什么办法了，他们在这个问题上不仅不会让步，同时还不会赔偿你的住院费用。

侃价是买家的本能，即使是可以接受的价格，他们也会表示不满，还会要求你让步，哪怕是1%的折让。不要小看一个百分点，假如对方年销售额是500万元，让出一个百分点就是5万元，你有没有办法可以马上将损失填补，好像很难。在买方提出降价的要求时，可以用其他让步方式来代替，比如一定范围内的退换货支持、加大宣传力度、提供人力支援等，尽量避免因价格的下降给企业带来不必要的损失。从买方角度思考，只要在交易中切实获得了更多，那么无论何等方式都是可以接受的。

所以，当对方要求你让步时，应该索要一些回报，否则绝对不要让步。

案例实操

不要轻易让步

有一家大型知名超市在北京开业，供应商可以用“蜂拥而至”来形容，小王代表一家弱势品牌与对方进行进店洽谈，谈判异常艰苦，对方要求十分苛刻，尤其是60天账期实在让人难以接受，谈判进入了僵局，并且随时都有破裂的可能。其间的一天，对方采购经理打电话给小王，希望小王提供一套现场制作的设备，能够吸引更多的消费者。小王刚好有一套设备闲置在库房里，但却没有当即痛快地答应，他是这样回复的：“陈经理，我会回公司尽力协调这件事，在最短的时间给您答复，但您能不能给我一个正常的货款账期呢?”最后，小王赢得了一个平等的合同，超市因为现做现卖吸引了更多的客流，一次双赢的谈判就这么形成了，当然不能忽视让步的技巧所起到的作用。

这个案例告诉我们即使在谈判陷入僵局的时候也不要轻言让步，不要认为只有做出让步才会使谈判得以正常的进行，你怎么知道对方一定不会让步呢？随着买方市场的到来，暴利时代已经彻底结束，任何产品的利润率都在下滑，企业的利润往往保持在一个合理的范围之内。但很多企业的销售人员都比较缺乏盈利观念，在他们脑子里除了订单就是销量，缺少基本的大局观念，加之领导的错误引导和公司制度的不健全，导致他们为了完成销售任务或者因为绩效奖金，不惜在产品价格上给予优厚折扣。

巧手点金

1. 谈判中不要轻易提出让步

即使你是非常优秀的谈判手，也有不得不让步的时候。但是高明的谈判者决不会轻易提出让步的，因为他知道，即便自己占据有利的谈判地位，也有可能因为先做出让步，使对方坚定信心，从而使对方强化了其立场，而失去自己先前的谈判主动权。

销售谈判的成功往往取决于心理因素。当相互让步处于关键阶段，双方谈判者的心理活动异常激烈，此时此刻，与其说双方是在计较利益，不如说是在较量心理。高明的谈判手明知对方一定要做出某些让步，但他就是回避有关让步的话题，更不愿意斩钉截铁地说："你必须……否则我方就退出谈判。"有些谈判高手甚至只是保持沉默。如果你面临这种情景，一定要沉住气，不要主动提出你的让步方案。

2. 谈判中要提出有条件的让步

在你不得不作出让步决定之前，你要对你的让步附加某些条件，以利换利，从追求自身经济利益最大化的角度出发，只要有可能，你就应该对你的每一次让步寻求回报，换取对方的让步。

因此，你需要注意，先说出条件，再谈你的让步。也就是说，你可以先向对方提出你的让步条件，在对方认同你提出的条件的前提下，再谈你的让步。

3. 谈判中要做到有效地让步

销售谈判实践表明，除了有条件让步之外，你还应该考虑做到有效让步。"有条件让步"的基本特征是"以利换利"，而有效让步是指你的让步不至于使得对方得寸进尺，要迫使对方也不得不让步。这里的让步技巧主要包括如下内容。

（1）以小步让步，步伐不宜大。

销售谈判的经验表明，一次成功的让步通常是很小的一步。因为，如果做出"大步流星"式的让步，对方就会向你进一步施压，迫使你做出更大的让步。因此，即使你认为必须做些让步，你让步的跨度也不要大。

（2）不得不让步，选择好时机。

当你处于不得不让步的情况下，你做出让步的决定也是一种有效让步。因为发现自己处于让步余地很小或无处可让的地步，但你又希望谈判继续向前推进，这时候就要做好让步准备，才进入谈判。即使你处于不得不让步的处境，也要选择好让步时机。让步要让在适宜的火候上，恰到好处，而且要具有不可测性。使对方不知我方在什么时候能让步，在什么问题上会让步，以免对方摸清我方部署，向我方施加压力。

（3）一揽子让步，最后的让步。

谈判往往设计多个谈判议题，如果其中多数谈判议题的谈判双方已经达成广泛共识，但也仍然存在某些分歧。这时候你可以向对方提出一揽子让步要求，尤其是在需要利用它们来克服“路障”、寻求满意的解决方案时，你的要求往往会得到对方的认可。

（4）保护面子让步，最明智的让步。

在相互让步的磋商中，有时候你会发现，由于种种原因对方也想让步，但又担心丢面子。比如，对方曾经说过这样的话：“除非我们老板把我撤换，你们别想再让我妥协。”对方的原意是试图阻止你对他的威逼，但谈判进程的发展迫使对方必须让步，对方也深感自己目前的立场是守不住了，可是对方基于已经把话说绝了，似乎再让步就是自己在推翻自己的上述言论。这时候你就应该设法给对方搭建台阶，使得对方体面地下台阶，这样对方可能会再做让步。

实战指南

谈判中没有回报，决不让步，要遵循以下几个原则。

谨慎让步，要让对方意识到你的每一次让步都是艰难的，使对方充满期待，每次让步的幅度不能过大。

尽量迫使对方在关键问题上先行让步，而己方则在对手的强烈要求下，在次要方面或者较小的问题上让步。

不做无谓的让步，每次让步都需要对方用一定的条件交换。

了解对手的真实状况，在对方急需的条件上坚守阵地。

事前做好让步的计划，所有的让步应该是有序的，将具有实际价值和没有实际价值的条件区别开来，在不同的阶段和条件下使用。

利益：看准时机，争取让步利益最大化

你是否能够把握争取利益最大化的时机呢？

谈判利益最大化包含什么意义呢？

时机对于实现让步利益最大化有什么作用呢？

利益最大化需要遵循哪些原则呢？

怎样才能让谈判双方利益最大化呢？

谈判的过程中，在准确理解对方利益的前提下，努力寻求双方各种互利的解决方案是一种通过正常渠道达成协议的方式，但在解决一些棘手的利益冲突问题时，如双方就某一个利益问题争执不下，例如，房东与承租人之间的房租问题；在国际贸易中的交货期长短问题；最终的价格条款的谈判问题等，恰当地运用让步策略是非常有效的工具。

我们认为，在利益冲突不能采取其他的方式协调时，客观标准的让步策略的使用在商务谈判中会起到非常重要的作用。成功让步的策略和技巧表现在谈判的各个阶段，但是，要准确、有价值地运用好让步策略。

在每一阶段的让步都要与所让步的价值相对应，任何事物都有其独立的两面性，在一项让步中，双方需求不同、角度不同，所体现出的价值存在很大的差异性，在你做出让步后得到对方回报的过程中，双方所得到的价值是否对等是让步的关键。

比如在一次交易中，你期望对方缩短结账期限，你在价格上做出了让步，而对方的让步却是自行提货，那么此次让步对你而言是价值的不对等。这里建议：当你在某方面做出让步时，要明确地要求对方给予你所期望的利益是否最大化，或者在你让步的条款前加上“如果”二字，假如对方不能向你提供有价值的利益，那么你的让步也不能成立。

案例实操

谈判利益最大化的道理

有一个妈妈把一个橙子给了邻居的两个孩子，这两个孩子便讨论起来如何分这个橙子。两个人吵来吵去，最终达成了一致意见，由一个孩子负责切橙子，而另一个孩子选橙子。结果，这两个孩子按照商定的办法各自取得了一半橙子，高高兴兴地拿回家去了。

第一个孩子把半个橙子拿到家，把皮剥掉扔进了垃圾桶，把果肉放到果汁机里打果汁喝。另一个孩子回到家，把果肉挖掉扔进了垃圾桶，把橙子皮留下来磨碎了，混在面粉里烤蛋糕吃。

从上面的情形我们可以看出，虽然两个孩子各自拿到了看似公平的一半，然而，他们各自得到的东西却未物尽其用。这说明，他们在事先并未做好沟通，也就是两个孩子并没有申明各自利益所在。没有事先申明价值，导致了双方盲目追求形式上和立场上的公平，结果，双方各自的利益并未在谈判中达到最大化。

如果我们试想，两个孩子充分交流各自所需，或许会有多个方案和情况出现。可能的一种情况，就是遵循上述情形，两个孩子想办法将皮和果肉分开，一个拿到果肉去喝汁，另一个拿皮去烤蛋糕。然而，也可能经过沟通后是另外的情况，恰恰有一个孩子既想要皮做蛋糕，又想喝橙子汁。这时，如何能创造价值就非常重要了。

结果，想要整个橙子的孩子提议可以将其他的问题拿出来一块谈。他说："如果把这个橙子全给我，你上次欠我的棒棒糖就不用还了。"其实，他的牙齿被蛀得一塌糊涂，父母上星期就不让他吃糖了。

另一个孩子想了一想，很快就答应了。他刚刚从父母那儿要了五块钱，准备买糖还债。这次他可以用这五块钱去打游戏，才不在乎这酸溜溜的橙子汁呢。

这个案例中，告诉我们谈判思考过程实际上就是不断沟通、创造价值的过程。双方都在寻求对自己最大利益的方案的同时，也满足了对方的最大利益的需要。

巧手点金

1. 目标价值最大化原则

应当承认，在销售谈判中的很多情况下的目标并非是单一的目标，在谈判中处理这些多重目标不可避免地存在着目标冲突现象，谈判的过程事实上是寻求双方目标价值最大化的过程，但这种目标价值的最大化并不是所有目标的最大化，如果是这样的话就违背了销售谈判中的平等公正原则，因此也避免不了在处理不同价值目标时使用让步策略。

不同目标的重要价值及紧迫程度是不相同的，所以在处理这类矛盾时所要掌握的原则就是在目标之间依照重要性和紧迫性建立优先顺序，优先解决重要及紧迫目标，在条件允许的前提下适当争取其他目标，其中的让步策略首先就是保护重要目标价值的最大化，如关键环节——价格、付款方式等。

成功的销售谈判者在解决这类矛盾时所采取的思维顺序是：①评估目标冲突的重要性、分析自己所处的环境和位置，考虑在不牺牲任何目标的前提下冲突是否可以解决；②如果在冲突中必须有所选择的话，要区分主目标和次目标，以保证整体利益的最大化，但同时也应注意目标不要太多，以免顾此失彼，甚至自相混乱，留给谈判对手以可趁之机。

2. 谈判中的刚性原则

在谈判中，谈判双方在寻求自己目标价值最大化的同时也对自己最大的让步价值有所准备，换句话说，谈判中可以使用的让步资源是有限的，所以，让步策略的使用是具有刚性的，其运用的力度只能是先小后大，一旦让步力度下降或减小，则以往的让步价值也失去意义；同时谈判对手对于让步的体会具有“抗药性”，一种方式的让步使用几次就会失去效果。而且也应该注意到谈判对手的某些需求是无止境的。

必须认识到，让步策略的运用是有限的，即使你所拥有的让步资源比较丰富，但是在谈判中对手对于你的让步的体会也是不同的，并不能保证取得预先期望的价值回报。

因此，在刚性原则中必须注意到以下几点：①谈判对手的需求是有一定限度的，也是具有一定层次差别的，让步策略的运用必须是有限的、有层次区别的；②让步策略的运用效果是有限的，每一次的让步只能在谈判的一定时期内起作用，是针对特定阶段、特定人物、特定事件起作用的，所以不要期望满足对手的所有意愿，对于重要问题的让步必须给予严格的控制；③时刻对于让步资源的投入与你所期望效果的产出进行对比分析，必须做到让步价值的投入小于所产生的积极效益。在使用让步资源时一定要有一个所获利润的测算，你需要投入多大比例来保证你所期望的回报，并不是投入越多回报越多，而是寻求一个二者之间的最佳组合。

3. 谈判中的时机原则

所谓让步策略中的时机原则，就是在适当的时机和场合做出适当适时的让步，使谈判让步的作用发挥到最大、所起到的作用最佳。虽然让步的正确时机和不正确时机说起来容易，但在谈判的实际过程中，时机是非常难以把握的，常常存在以下种种问题：①时机难以判定，例如认为谈判的对方提出要求时就认为让步的时机到了，或者认为让步有一系列的方法，谈判完成是最佳的时机；②对于让步的随意性导致时机把握不准确，在商务谈判中，谈判者仅仅根据自己的喜好、兴趣、成见、性情等因素使用让步策略，而不顾及所处的场合、谈判的进展情况及发展方向等，不遵从让步策略的原则、方式和方法。这种随意性导致让步价值缺失、让步原则消失，进而促使对方的胃口越来越大，在谈判中丧失主动权，导致谈判失败，所以在使用让步策略时千万不要随意而为之。

实战指南

谈判中把握时机、争取利益最大化要做到以下几个方面。

谈判的让步策略中的清晰原则是：让步的标准、让步的对象、让步的理由、让步的具体内容及实施细节应当准确明了，避免因为让步而导致新的问题和矛盾。

在谈判中你所做的每一次让步必须是对方所能明确感受到的，也就是说，让步的方式、内容必须准确、有力度，对方能够明确感觉到你所做出的让步，从而激发对方的反应。

如果迫不得已，己方再不做出让步就有可能使谈判夭折的话，也必须把握住“此失彼补”这一原则。

若是让步可以换取更大的好处，也应毫不犹豫地给其让步，以保持全盘的优势。

逼近：对方的“底线”其实可以“再低一些”

谈判过程中，如何让对手先让步呢？

你是否能尽快摸清对方的底线呢？

如何找寻“底线”的衡量标准？

在“狐埋狐搰”与“深信不疑”中，怎样实现平衡？

摸清对方的底线就能使其“再低一些”吗？

对方的“底线”要是“再低一些”对谈判的进行有什么好处呢？

任何谈判，如果没有双方的让步、谅解和妥协，要想达成协议或共识，那是不可能的。怎样才能迫使对方做出最大限度的让步呢？

首先是要在谈判中辅以自傲之情，也就是让自己的语言流泻出一定的胆气，借以攻破对方的心理底线，迫使其做出最大限度的让步。

喜欢听“好话”是人性的一个普遍的弱点。谈判中欲迫使对方让步，便可利用说“好听话”这样的手段，先让对手陶醉，解除其思想上的戒备，然后再伺机给予反击，以求得对方的最大让步。

一个谈判者，往往从一己的利益出发，只知道漫天要价，而不注意对方的心理活动和态度。作为谈判的另一方，则可以借对方想一口吃个大胖子之机，以强硬的、不容争辩的口气，一针见血地指明对方的要价对他们自身利益的危害，及其利害关系，同时展示自己的诚意，以达到促使对手让步的目的。

此外，还可以告以利害，步步紧逼。在洞悉对方底细或者弱点之后，另一种谈判策略是：首先稳住自己的阵脚，继而以晓以后果、告以利害的方式，步步紧逼对方节节退却和让步。当然，此时的语言运用不妨灵活一些，要做到柔中有刚，收放自如。

在谈判中，为了达成协议，让步是必要的。但是，让步不是轻率的行动，必须慎重处理。成功的让步策略可以起到以局部小利益的牺牲来换取整体利益的作用，甚至在有些时候可以达到“四两拨千斤”的效果。

总而言之，让步是有条件的而且是有效的，谈判双方让步的目的是为了换取双方均等或大体均等的物质利益。让步程度要以双方满足各自需求为标准，促使形成的最终谈判结局是：“和为贵”、皆大欢喜。

→ 案例实操

底线可以更低一些吗

一位商人在巴厘岛旅游的时候，有一次逛摊子，看上了一个木雕。

“多少钱?”商人问。

“两万卢比。”

“八千!”商人说。

“天哪!”小贩用手拍着前额，做出一副要晕倒的样子，然后看着商人说，“一万五。”

“八千。”商人没有表情。

“天哪！”他在原地打了一个转，又转向旁边的摊子，对着那摊子举起手里的木雕喊，“他出八千！天哪！”又对着商人说，“最低了，我卖你一万三，结个缘，明天你带朋友来，好不好？”

商人笑着耸耸肩，转身走了，因为商人口袋里只有九千，就算商人出到九千，距离一万三，还是差太远。

商人才走出去四五步，他在后面大声喊：“一万二、一万二啦！”

商人继续走，走到别的摊子上看东西，他还在招手：“你来！你来！我们是朋友，对不对？我算你一万，半卖半送！”

商人继续走，走出了那摊贩聚集的地方。突然一个小孩跑来，拉着商人，商人好奇地跟他走，原来是那摊贩派来的，把商人拉回那家店。“好啦！好啦！我要休息了，就八千啦！”现在，每次商人看到桌子上摆的这个木雕，就想起那个小贩。商人常想，我为什么能那么便宜地买到？

因为商人坚持了自己的底线。

商人也想，他为什么会卖？

想到这个，商人又不是那么得意了，因为八千卢比，一定也在他的底线之上，搞不好七千他也会卖。

在这个案例中，我们可以看出：双向的沟通，有时候就像讨价还价。你不可能让他全部得逞，他也不可能对你完全让步。两方面一定先在心里有个最低的“底线”，再在这个底线上沟通。也只有这样经过反复磋商，双方都有“让步”，也都有“斩获”的情况下，才能叫做“双赢的沟通”。

巧手点金

1. 谈判中对方名副其实的“底线”

企业的生存发展在竞争中实现，谈判的合作目标在竞争中完成，价格是连接彼此利益的准绳。竞争使公司绞尽脑汁，赚取最合理的利润，提供最优良的服务。这是商道的客观现实。

“底线”是双方谈判目标实现的表现形式，是谈判“意志”的集中，“底线”的“上限”与“下限”表明了谈判双方的活动空间，因而也成为谈判过程中双方孜孜以求的问题。

在谈判中，当对方抛出其“底线”，并表现出坚定不移、不可逾越之势，这时，我方需要保持平静与冷静之态，既不可绝对怀疑、嗤之以鼻，又不可轻易相信、言听计从。其根本之策略在于将对方的“底线”与其产品本身的价值相互对照、研究和评估，确定两者是否相符。同时，考察市场竞争中同类产品的价格范围，并综合评估对方的服务质量、信誉度等各种因素，全面权衡。为此，我方势必秉持客观公正的评估心态，坚持实事求是的谈判原则，力求准确得当。如果通过分析评估之后，确定对方“底线”与其产品本身的价值两两相符，并且顺应市场价格的基本规范，并无不实之辞，这时，我方应坦诚接受，达成合作，同时也可促使双方关系的长期友好发展。

富勒在《箴言集》中指出：“双方均无利益可图的买卖是傻瓜之间的交易。”既然确定对方的底线言之成理、有理有据，我方唯有欣然接受才是明智之举。如果我方一味穷逼、无视事实，挥舞着“侃价”的大棒，必使对方因无利可图而不与成交，使谈判归于破裂；同时，也会让对方认为我方“不辨菽麦”、“不识泰山”，滋生“对牛弹琴”之感。如此一来，必将导致谈判之中的尴尬处境和氛围，也造成双方关系的紧张或者归于淡漠。“话不投机半句多”，谈判的进程便会更加艰难，甚至出现不欢而散的结果。可见，适可而止、遵从事实对于谈判而言，仍是尤为重要的。

2. 谈判中对方名不副实的价格底线

顾名思义，“底线”既有“上限”、“下限”之分，在“名副其实”的对面，自然也有“名不副实”之论。这是“一分为二”的思路。因此，我方需要保持全面分析问题的谈判方式。

谈判桌前，如果通过周密分析与评估对方抛出的价格“底线”，确定其名不副实，这时，我方首先需要分析其所谓“底线”尚存有多少空间，掌握其活动范围，便于在谈判中胸有成竹、有的放矢。第二步方略在于秉持实事求是的原则，将对方的“底线”摆到桌面上展开新一轮的谈判。

在此谈判过程中，我方势必密切关注对方的动态，掌握对方的心理、状态和素质，并同时评估双方的谈判意向。在此之中，或许对方态度强硬，坚决不再让步，甚至表现出不惜谈判破裂的气势；或许对方会在我方入情入理的论述之中“顺坡下驴”，做出进一步调整。如此种种，因而对谈判过程不可一概而论。当各种可能性纵横交织，各种原因相互渗透，为此，我方要因事、因人、因心理以及因价格本身而灵活运用、伺机行事，不能仅凭我方一相情愿。

如果对方强硬异常，坚决不再让步，这时我方就要权衡利弊关系，确定是选择由此终断谈判，另谋谈判合作对象；还是选择继续谈判，并作出妥协。其关键在于如何评估谈判形势，怎样掌握自我的谈判筹码及自我力量，在利弊关系与审时度势中做出更好的选择。如果对方“顺坡下驴”，自然是求之不得、皆大欢喜之事，表明了谈判合作目标的进一步推进。

对于名不副实的价格“底线”的谈判，便因为不同对方的不同心理以及谈判情境的迥异而显得扑朔迷离。“兵无常势，水无常形”，因变而变、审时度势才是最真实的谈判战略，也是占据谈判优势的必经之途。

实战指南

谈判中把握对方“底线”有以下几个方面。

足够的前期准备，了解对方的策略是不是变了，没有这些信息是不行的。

销售利益，而不是销售产品。大部分供应商总是介绍自己的产品功能如何，设计如何，可是，零售商更感兴趣的是他通过这个产品能赚多少钱。

掌握处理异议的技巧，摸清对方底线。

解决谈判分歧的基本技巧。相对于异议，谈判分歧是一些小的问题，对于谈判中的分歧，供应商首先要看权重。

争取：力争得到对方最后一个“小的让步”

怎样力争得到最后的让步呢？

谈判即将达成协议时，还能力争得到对方的最后一个“小的让步”吗？

让对方有下次再合作的欲望，难道不是很好的感觉吗？

能做到让对方让步有压力吗？

作为一种谈判谋略，对谈判有什么积极作用呢？

谈判即将达成协议时，力争得到对方的最后一个“小的让步”，这是一招“顺手牵羊”。不要白不要。

为了能够最大限度地实现自己的目标，在即将达成协议时，也不要轻易签字，而应该向对手附加最后一个要求。

但是，这种要求不能推翻已经达成的协议内容。如果连已经达成的协议都推翻了，那就赔了夫人又折兵、本利全丢了。经过漫长的谈判，终于达成协议了，这只不过是最后一个小小的要求而已。

所谓“顺手牵羊”是个比喻，喻指意外获得某种便宜，或毫不费力地获得某种平常要花大气力才能获得的东西。

作为一种计谋，顺手牵羊常常不是等“羊”自动找上门来，而是着意寻找敌方的空子，或诱使敌方出现漏洞并进一步利用漏洞，从而使自己牵羊时很“顺手”。

楚王外出狩猎，顺手牵了息妫这只美丽的“羊”回家，立为夫人，牵羊是真，顺手恐怕仅属表面的手法；司马懿千里急行军，在孟达工事未固时，平息了叛乱，斩了孟达，因为抓住了机会，钻了孟达的空子，也算得上是成功的顺手牵羊了。

在各种谈判中，机遇是非常重要的，敌方的疏漏往往是我方的机会。善战者，没有不明白这一道理的。

在现代经商赚钱的经营活动中，此计在市场广告竞争中常常被采用，经营者为了突出本企业产品的优点，在宣传本企业产品优点的同时，往往顺手牵羊，与竞争产品进行比较，间接贬低对方、抬高自己。这种比较性的宣传广告，在我国乃至世界的电视上、报纸上频频出现，是达到自己经营目的切实可行的好方法。

→ 案例实操

顺手牵羊，力争让步

某公司代表团出国订购商品，他们找到日本最大的厂商询价，日方开价每台350美元，这一报价基本接近我方所掌握的国际市场价格。

此公司提出能否再优惠一点，日方思忖片刻，提出可以降为345美元，并声明这是最底价了，否则将很难达成协议。

为了获取更多的利益，公司方坚持再降为340美元，谈判陷入了僵局，双方争执不下。

经过一段时间的反复磋商，日方权衡利弊做出了让步，同意以340美元成交，公司初战告捷，但谈判并未就此结束。

公司转而又提出能否通过增加购进数量而在价格上进一步优惠。又一个难题摆在对方面前，日方反复比较计算成本、费用、利益，最终同意在购货数量从1000台增加到1500台的基础上，以每台338美元的优惠价成交。

在接下来的谈判中，公司谈判代表经过察言观色，发现对方倾向于用日元成交，于是，立即表明自己的态度，希望最好用美元成交，如果对方坚持用日元成交的话，那只能按当时的汇率，以每台335美元折算成日元，因为当时美元有下跌趋势，日方对此表示理解和同意。接着，公司方又提出希望能把原来的条款做一些改动，即由我方负责租船订舱和办理投保业务，运输、保险费另行计算，对此，日方没有表示异议。

最后，公司方表示请日方考虑把原来的即期信用证改为见票后120天付款的远期信用证，日方开始露出为难情绪，表示对这个问题没有再讨价还价的余地。对此，公司方开诚布公地向对方分析了我方面临的一系列困难。为使本项交易最终能顺利成交，日方又再次做出了一些让步，同意改为见票后60天付款的远期信用证。

成交后，公司方核算下来，该商品实际进口成本每台尚不足330美元。

本案例中，我方先让对方自己减价，等到对方打出最低价的旗号后，我方再还价，在价格上还得差不多时，再从运输、保险、结算货币、支付方式上下手，终于把350美元的报价降到了330美元以下。“唯利是图”固不足取，“微利是图”却值得提倡，积少成多，集腋成裘，也正是顺手牵羊、力争最后一个让步之计的灵活运用。

巧手点金

1. 心怀豪气压倒人

谈判席上，抖擞的精神面貌至关重要，如果再在谦虚的言谈举止间，流露出一泻千里的豪气，其勇气和胆魄就会击倒对方的心理防线，而谦卑只会被视为无能，对方就会高高在上，接下来的情形，你将会节节挫败。张先生是某进出口公司销售经理，在一次与日本商人的谈判中，张先生慷慨激昂地陈述了公司的产品及销售状况，并强调该产品在美国十分畅销。精明的日本商人被张先生这番话深深触动，一改“试试看”的心情，很快进入十分严肃的、正式的谈判主题。

2. 虚实招架诱惑人

谈判有时会进入“马拉松”阶段，迟迟不能达成协议。这时，要在洞悉对方的弱点和了解对方的底细后，步步紧逼，软硬兼施，刚柔相济，抛出利益相诱。某文化公司的老总与国外的一家广告公司洽谈合作业务，对方不紧不慢，签合同的日子推了又推，文化公司的老总忍无可忍，透露出另一家广告公司也急于合作，并开始玩“失踪”，欲要太极的广告公司见玩出了火，急急收场，好说歹说，匆匆签完合同，以怕夜长梦多。

3. 真心相许感动人

在谈判中，存在着这么一些人，只顾漫天要价，毫不理会对方的感受，妄想一口吃成个胖子，把对方当成“咸水鱼”。这样只会令对方非常反感，有气度的对手虽然不表露，但却是铁定了心：绝不能与这种人合作。所以，要为对方设身处地想一想，不妨诚心一点，从关心对方的角度出发，以俘虏对方的心。何经理为一个公司做项目研究，项目出来后，他只是开了个恰当的价，并且诚恳地告诉对方，挣了大钱以后再说。说不定，以后的许多机遇就在等着他。

实战指南

谈判中争取最后让步需要注意以下几个方面。

谈判即将达成协议时，力争得到对方的最后一个“小的让步”，这是一招“顺手牵羊”。

在谈判中，风险与机遇同在，发现了“羊”却视而不“牵”，是极大的浪费；没有认准自己的“羊”，就跟风去做企业树品牌，无异于玩火。

顺手牵羊难就难在时机的把握，时机拿捏得当，哪怕稍显粗糙，同样事半功倍。

“顺”的核心不在于偷偷摸摸地占小便宜，而是“顺水推舟、借题发挥”的大智慧，以达到利用资源以小博大。牵羊（动手）的前提是准确地判断时机，并能迅速找到“顺一把”的路子。

第七章　舌灿莲花，引君入瓮

——谈判中的语言技巧

德国诗人海涅说：“语言之力，大到可以从坟墓唤醒死人，可以把生者活埋，把侏儒变成巨无霸，把巨无霸彻底打倒。”语言是人类彼此间交际的基本工具，同时也是人类进行思维的工具，因此谈判过程离不开人的语言表达与交流。谈判言语不仅在谈判现场直接表现，而且它的表达与交流的技巧还经常直接影响整个谈判的效果。

侦查：用“问”进行心理侦查

面对面的销售谈判，对方在思考什么？

想要弄清对方的底线，应该如何进行提问？

你想用提问的方法对对方进行心理侦查，是否知道该问什么、何时问、怎样问？

你是否做好准备向对方提出问题、了解对方需求呢？

问得不好，会导致谈判破裂，这样的结果你承担得起吗？

巧妙提问对谈判的进行有什么好处呢？

在销售谈判过程中，我们经常发现有的客户会不假思索地拒绝推销，因此，“推销是从拒绝开始的”这句话不假。

遇到这种情况，推销员不应该“退避三舍”，反而应该“迎难而上”，这时，巧妙的提问是关键。提问，可以消除对方的强迫感，缓和商谈气氛，摸清对方底牌；可以确定推销过程进行的程度；可以了解客户的障碍所在，寻找应对措施；可以留有情面地反驳不同意见……提问是推销最有力的手段，一定要熟练掌握和运用。

谈判中常会以提问来摸清对方需要什么，掌握对方心理，表达自己的感情。如何“问”是很有讲究的，灵活运用发问的技巧，不仅可以引起双方的讨论，获取信息，而且还可以控制谈判的方向。到底哪些该问，哪些不该问呢？为了达到某一个目的应该怎样问，以及问的时机、场合、环境等，有许多基本常识和技巧需要了解和掌握。

“问”一般包含3个因素：问什么、何时问、怎样问。

提问是谈判中获得对方信息的一般手段。通过提问，可以从中获得众多的信息，发现对方的需要，知道对方追求什么，这些都对谈判有很大的引导作用。另外，提问还是谈判应对的一个手段，是谈判者机警的表现。

案例实操

大胆提问，弄清需求

客户经理：“早上好，王主任。这次拜访的目的是希望通过企信通帮助您加强内部沟通，促进销售管理。您看可以吗?”

客户：“企信通?”

客户经理：“是的，在向您介绍前，我能了解一下您的企业内部信息沟通的情况吗?”

客户：“好吧。”

客户经理：“您在全省有五六百个促销员，您现在是怎样将内部的信息发送给全省的所有促销员的呢?”

客户：“打电话通知。”

客户经理：“通过电话啊? 这么多人，会不会漏掉呢?”

客户：“确实会漏掉，而且占用时间很长。”

客户经理：“万一漏掉，问题严重吗?”

客户：“当然严重了，要是漏掉促销信息和价格信息，影响可就严重了。”

客户经理：“既然这么严重，那您打算解决吗?”

客户：“是啊，我们还没有想到，你有什么建议呢?”

客户经理：“其实，我们的企信通就是解决您这个问题的。”……

这个案例中，销售人员大胆试探客户，弄清客户心理底线。客户并没有意识到问题，因此直接提问和介绍产品都不会有明显的效果，此时销售人员应该用提问的方法让客户意识到自己的问题，发现自己的需求，下定决心进行采购。

巧手点金

1. 谈判中“问”的类型

（1）封闭式发问。

封闭式发问指在特定的领域中能带出特定的答复（如“是”或“否”）的问句。例如：“您是否认为售后服务没有改进的可能？”“您第一次发现商品含有瑕疵是在什么时候？”封闭式问句可令发问者获得特定的资料，而回答这种问句的人并不需要太多的思索即能给予答复。但是，这种问句有时会有相当程度的威胁性。

（2）澄清式发问。

澄清式发问是针对对方的答复，重新提出问题，以使对方进一步澄清或补充其原先答复的一种问句。例如：“您刚才说对目前进行的这一宗买卖可以取舍，这是不是说明您有权利跟我们进行谈判？”澄清式问句的作用在于：它可以确保谈判各方能在叙述“同一语言”的基础上进行沟通，而且还是针对对方的话语进行信息反馈的有效方法，是双方密切配合的理想方式。

（3）强调式发问。

强调式发问是强调自己的观点和己方的立场。例如：“这个协议不是要经过公证之后才生效吗？”“我们怎能忘记上次愉快的合作呢？”

（4）探索式发问。

探索式发问是针对对方回答，要求引申或举例说明，以便探索新问题、找出新方法的一种发问方式。例如：“这样行得通吗？”“您说可以如期履约，有什么事实可以证明吗？”“假设我们运用这种方案会怎样？”探索式发问不但可以进一步发掘较为充分的信息，而且还可以显示发问者对对方答复的重视。

2. 谈判中提问的时机

（1）在对方发言完毕之后提问。

在对方发言的时候，不要急于提问，因为打断别人的发言是不礼貌的，容易引起对方的反感。当对方发言时，你要认真倾听，即使你发现了对方的问题，很想立即提问，也不要打断对方，可先把发现的和想到的问题记下来，待对方发言完毕再提问。

（2）在对方发言停顿和间歇时提问。

如果谈判中，对方发言因为离题太远而影响谈判进程，这时可以间歇性提问。例如，当对方停顿时，你可以借机提问："您刚才说的意思是?""细节问题我们以后再谈，请谈谈您的主要观点好吗?"

（3）在议程规定的辩论时间提问。

大型外贸谈判，一般要事先商定谈判议程，设定辩论时间。一般在双方各自介绍情况和阐述的时间里不进行辩论，也不向对方提问。只有在辩论时间里，双方才可自由提问、进行辩论。在这种情况下，要事先做好准备，可以设想对方的几个方案，针对这些方案考虑自己的对策，然后再提问。

（4）在乙方发言前后提问。

在谈判中，当轮到乙方发言时，可以在谈乙方的观点之前，对对方的发言进行提问，不必要求对方回答，而是自问自答。这样可以争取主动，防止对方接过话茬，影响乙方的发言。

实战指南

谈判中用"问"进行心理侦查需要注意以下几个方面。

在谈判中一般不应提出下列问题：

- 带有敌意的问题；
- 有关对方的个人生活和工作的问题；
- 直接指责对方品质和信誉方面的问题；
- 为了表现自己而故意提问。

注意提问的速度。提问时说话速度太快，容易使对方感到你是不耐烦，从而引起对方的反感；反之，如果说话太慢，容易使对方感到沉闷、不耐烦，从而降低了你提问的力量，影响提问的效果。

注意对手的心境。谈判者受情绪的影响在所难免。谈判中，要随时留心对手的心境，在你认为适当的时候提出相应的问题。例如，当对方心境好时，常常会比较轻易地满足你所提出的要求，而且会变得有些随意，会在不经意间透露一些相关的信息。此时，抓住机会，提出问题，通常会有所收获。

谋“诈”：用“诈”进行情报反侦察

你的客户需要的是什么？他们有什么选择？

要想弄清对方的底线，该如何进行情报反侦察工作呢？

在谈判的艺术性中如何进行“诈”？

如何认清这种似乎有理的诡辩术并使谈判继续进行呢？

一个谈判高手通常提出很尖锐的问题来侦察对方的真正需求，这样你学会了吗？

谈判就是彼此说服对方的过程。在谈判中，双方都应充分说理，以理服人，但有些谈判者却不这样，他们在谈判中为了己方的利益，或者尽可能多地获得利益，会利用诡辩来迷惑对方，使对方上当。作为一个谈判者，假如不能用“诈”进行反侦察，就会不自觉地掉入对方预先设好的陷阱，从而丧失本应属于自己的利益。

俗话说：“打蛇要打七寸。”同样，在谈判中，要想取得成功，就必须善用“诈”进行情报反侦察，抓住对方问题的实质，击中对方要害。只有抓住了要害问题，才可以置对方于死地。

古人言：“射人先射马。”无论多么“圆满的”诡辩，总是会有一些漏洞。抓住漏洞，及时反击，就能战胜诡辩。

谈判中的“诈”，是在谈判中为获取单方利益有意或无意巧妙地利用辩证逻辑与形式逻辑的思维差异，或故意运用形式逻辑的缺点和不正当的推理方式论述本质无理的论点的“正确性或合理性”的技巧。谈判者要想使用“诈”，首先要了解它的形式和特点，然后才可以研究驳倒对方的对策。

在谈判中，面对强有力的对手，有时你可以用一连串“为什么”“怎么样”的问句，迫使对方做出回答或解释。然后，透过这些回答，从中搞清楚对方的意图、弱点，以及其比较易于让步或妥协的环节，判明对方的要害之处，抓住时机，予以有力地反击，使其完全信服于你。你不能抓住对方的最关键利益，便无法抓住他的心；只有把他的心同你的意愿相联，你才可能获得谈判成功。

需要指出的是，“攻其要害”并非是指严厉的措辞或不让人抢先发言，正相反，要用“雨打芭蕉”的方式，让对方听进你的话，接受你的话。

案例实操

“诈”出情报，争取谈判

我国某科研机构准备购进大型计算机10台，并与日本某公司正式接触洽谈。在第一轮谈判中，日方报价每台115万美元。我方根据掌握的同类产品的国际行情为 112 万美元，要求对方就此报价做出解释并降低价格。

第二轮谈判开始，日方同意将计算机单价压至 110 万美元，并且论证："我方从为中国建设四个现代化和与贵方建立持久的友好贸易关系考虑，决定每台让利 5 万美元。我们很尊重贵方的意见，并且不惜工本将价格降到了不能再降的地步，诸君可以接受这个价格了。"此后，日方闭口不谈上述报价的形式基础，而将谈判纠缠在一个议题之中，即日方已考虑顺应了我方的要求，对产品进行了大幅度的降价，如我方再不接受，那么谈判就无法取得圆满结果。围绕着已经降价这一现象，日方代表大肆鼓舌，千方百计迫使我方动摇进一步谈判的决心。

此时，我方代表如果贸然接受日方的价格方案，那么对方将于其中获得丰厚的利润，谈判于我方就是某种意义上的失败；如果被对方的思路牵着鼻子走，我方代表只是觉得降价的幅度尚不足以让人接受，但又提不出令人信服的充分理由，那么固执己见则有可能导致谈判破裂，我方更不能达到自己的目的。

我方代表商议后，明确指明：第一，就同类产品来看，欧美市场的零售价格约是每台 112 万美元，因此，日方提出的 110 万美元的单价，并非是让利 5 万美元；第二，我方一次就需购买计算机 10 台，这种大宗生意即使在欧美市场也是以优惠价供货的；第三，日本计算机研制技术在世界上处于领先地位，技术进步的直接后果便是生产成本的下降，并且，由于日本工人工资大大低于欧美国家的人均工资，劳动力价格的低廉必将导致产品价格进一步降低；第四，据我方对日本一般市场行情的调查表明，计算机单价 110 万美元并不属于优惠价。做出如上具体的分析和论证后，日方谈判人员不可能再坚持最低限价为每台 110 万美元的谈判立场了。

这个案例中，日方就运用了"诈"的策略，故意掩盖事实真相而强调问题的表现形式，并虚张无关紧要的利害关系，但是只要坚持原则，我们就会获得谈判成功。

巧手点金

1. 谈判中用“诈”，首先要学会偷梁换柱、避实就虚

西方的谈判术语将此方法又称之为“双行道战术”，它往往通过转移论题的方式来消除己方的不利因素或掩盖自身谈判条件的弱点，以达到压服对方的目的。

在谈判过程中，当一方论证他方的某个弱点时，另一方则虚晃一枪另辟战场，抓住你的另一个缺陷开战，有时，另一方也可能故意提出新的论题大做文章。这种谈判形式，也称之为“平行论证”。此种论证的结果是混淆了事物的因果关系，扰乱对方谈判人员的思维方式，从而使谈判失去确定的方向。因此，任何谈判人员对此都不能掉以轻心。

2. 谈判中用“诈”，要善于掩盖事实，使对方信服

在谈判中，要学会故意掩盖事实真相，而强调问题的表现形式，并虚张无关紧要的利害关系。狡诈的商人往往借用此种方法达到目的。在商务谈判中，我们只要坚持辩证思维的客观性、具体性原则，就能使对方信服，达到谈判目的，使谈判循着客观公正的方向进行。

3. 谈判中用“诈”，要懂得故意混淆相对判断与绝对判断的界线

在谈判中，谈判者故意混淆相对判断与绝对判断的界线，并以前者代替后者以期扼制、压倒对方的论证方式。为了促使对方接受某个立场，经验老到的谈判人员往往运用此种方法控制对手，从而掌握谈判发展的进程。这样尽管不公道，但很见成效。

在商务谈判中，谈判者只有坚持辩证思维的具体性和历史性原则，细

致分析谈判对手论点、条件中的绝对因素和可变性，了解此种诡辩术的特点和表现形式，才能迅速识破其本质、使己方在谈判过程中立于不败之地，从而保证公正法则在贸易过程中得以循行。

4. 谈判中用"诈"，不要滥用折中原则

这是一种对谈判双方两种根本对立的观点不作历史的具体的分析，纯粹搬弄一些抽象的概念，从而把两者混合起来的诡辩手法。

5. 谈判中用"诈"，要攻其一点，不及其余

谈判中抓住对方一点，以要挟或抨击、不做全面公开评价的做法，在买卖双方的代表中均有可能出现。这种论证方法往往使谈判气氛相当紧张，洽谈人应尽力避免以此种方法对付一个怀有良好签约意愿的谈判对手。

对付"诈"的最有力武器是辩证逻辑的三个原则：客观性、具体性及历史性。在谈判中也应区别对待诡辩术的不同人员，不能以单调的方法去处理所有的问题。

实战指南

谈判中用"诈"进行情报反侦察需要注意以下几个方面。

不要与对方正面争论。因为越与他争辩，他就越会胡搅蛮缠。

不要难为情。你越是尴尬脸红，他就越发得意，越会冷言冷语地伤害你。

保持沉默。谈判时，尽量让对方多说，一方面，是因言多必失；另一方面，在静听对方说话时，又可集中精力分析其观点中的实质问题，找出解决的方法。

待机而动。即寻找机会，予以反击。但反击时，不要太过分，不要带不文明的字眼，同时要灵活掌握反击方法，以其人之道，还治其人之身。

“不”说：用“是的，如果”代替“不”

面对谈判，确认自己所希望的未来到底是什么？

谈判中，可以用“是的，如果”代替“不”吗？

你的产品和服务能给你带来自信吗？

语言技巧的运用，有助于谈判的顺利进行吗？

在谈判中，你是否知道要用“如果”给对手带来希望呢？

中国人有句话说：“饭可以乱吃，但是话不可以乱说。”这句话说的不仅有道理还非常符合科学的精神，因为每一句话只要从嘴巴里说出来之后，就会具有力量，如果忽略了语言的力量，小则因此产生争执而失去人际关系，或是因沟通不良而错失成交的机会；大则会失去整个人生。这之间的利害关系有很多人一辈子都没有注意过。

语言本身其实并不可怕，可怕的是当语言进入一个人的潜意识之后所发挥出来的力量才是真正惊人的，因为人类的行为深深受到自己潜意识的影响，就像是计算机的程序一般，如果你输进去的是负面的程序，那么它将一直重复着这个负面的程序，除非你重新再输入新的正面程序将原来的程序替换掉，否则它将永远不会自动变成正面。有很多的企管训练都告诉我们，连续 21 天就可以重新创建一个新的习惯，同样的道理，负面语言说久了就会进入到潜意识当中，而这就是影响我们大脑的负面程序。

销售是一个不断挑战的行业，不仅要面对业绩的挑战，面对新客户的挑战，还要面对自己极限与能力的挑战，一个成功的谈判者必须要在这种挑战当中去成就自己，因为这是销售人成功的必经之路，因此拒绝挑战就等于拒绝成功。

当一个人害怕挑战的时候，“不可能！”“做不到！”“我不行！”“太难了！”这些负面的语言一不小心就会在心中和嘴巴上出现，而这些语言只要一出现，最直接的影响就是你会和成功的目标远离一步，如果等到这些语言进入潜意识之后，那么你就确定远离成功了。我相信这是我们都不希望看到的结果，如果我们想避免，那么就必须要好好重新评估语言的力量了。

案例实操

巧妙提问，尽量用“是”

一位大型通信设备厂的销售人员经常打破公司的销售纪录，他是怎么做到这些的呢？他说自己成功销售的秘诀就是经常进行有针对性的提问，然后让客户在回答问题的过程中对产品产生认同。下面我们看看他的几种典型提问方式。

“您好！听说贵公司打算购进一批通信设备，能否请您说明您心目中理想的产品应该具备哪些特征？”

“我很想知道贵公司在选择合作厂商时主要考虑哪些因素？”

（以上两个问题的目的是弄清客户需求）

“我们公司非常希望与您这样的客户保持长期合作，不知道您对我们公司以及公司的产品印象如何？”

（这一问题的目的是为自己介绍公司及产品做好铺垫，同时也可以引起客户对本公司的兴趣）

“您是否可以谈一谈贵公司以前购买的通信设备有哪些不足之处?”

“您认为造成这些问题的原因是什么呢?”

“如果我们的产品能够达到您要求的所有标准，并且有助于贵公司的生产效率大大提高，您是否有兴趣了解这些产品的具体情况呢?”

（站在客户需求的立场上提出问题，有助于对整个谈判局面的控制）

“您可能对产品的运输存有疑虑，这个问题您完全不用担心，只要签好订单，一个星期之内我们一定会送货上门。现在我想知道，您打算什么时候签署订单?”

（有目的地促进交易完成）

“如果您对这次合作满意的话，一定会在下次有需要时首先考虑我们，对吗?”

（为以后的长期合作奠定基础）

……

由此案例，我们可以看出：谈判过程中的一言一行都必须紧紧围绕着特定的目标展开，对客户提问时同样要有目的地进行，尽量让客户用“是”来回答你的问题，千万不要漫无目的地提问，脱离最根本的谈判目标。

巧手点金

1. 在谈判中了解中国人的面子问题

在很多的谈判场合里，要将自己的目标说出来，结果所得到的答案往往是“不好吧！万一没有做到不是很丢脸吗?”这些面子上的问题深深影响着我们，就因为害怕丢脸，所以语言上便要为自己万一做不到的时候先铺路，所以“我不行！这太难了，做不到！”这些语言就会出现了。

这种想法的逻辑很简单，就是先说自己不行，如果真的没有做到也不会因此而丢脸，因为话已经说在前头了，如果做到了，要不就是谦虚地把结果归功在“运气好”上，要不就是骄傲地说“我真是厉害”之类的马后炮。这也是中国人最保守的说法和做法，久而久之，当一个人面对谈判时，就已经养成了先说“不”之后再来思考的恶劣习惯。

其实在我们最保守的说法之下，就已经将错误的语言放进了自己的潜意识中了，所以不管你有多努力去做，潜意识中的“不”会在你的身后拉着你。很多人在通往成功的路上，就是因为这一股藏在身后的力量而事倍功半，或是常常觉得自己没有办法放手全力以赴，因为潜意识所发出的命令才是人的行为模式生成的真正来源。

到底对谈判者来说是面子重要还是自己的生意重要，如果是因为不重要的面子而浪费了一个良好的合作机会，这真的是太不值得了。

2. 谈判中的“不”会变成真的“不”

负面的语言就跟慢性毒药一样，会让人在不知不觉当中中毒，而中毒的症状就是你会从“不”到“怀疑自己到底行不行”，再到最后变成“确认自己真的不行”，这是语言逐渐进入潜意识之后所发挥出来的影响过程，一个人原本的能力也会在潜意识的控制之下逐渐消失逐渐退化。所以不要觉得说“不”是一种谦虚的美德，其实那是对自己人生最严重的一种破坏，因为你会从你的生理一直到心理不断地调整去满足潜意识中那道“不”的指令，结果你的行为开始逐渐散漫，嘴里的语言逐渐消极，心情也逐渐降入谷底，最后终于成功地验证了自己语言中“我不行”的结果。

任何事不管成功的机会再小都会有成功的机会存在，问题在于你愿不愿意去尝试看看、去努力看看、如果不去试试看又怎么会知道到底行不行呢？千万不要让自己的生意谈判输在自己的嘴巴上，所以当你的话即将说出口的时候，记得要提醒自己“小心嘴巴上的假设会实现”。如果这些不是你所要的结果，就千万不要让这些语言从你的嘴巴里说出来，这样做是否会很难呢？一点都不难，因为一个人如果连自己的嘴巴都控制不住，那么他就根本没有谈判成功的资格了。

3. 谈判中学会用“是的，如果”代替“不”

在每一次开口的时候，记得去要求自己用“是的，我可以，我愿意试试看”这句话来替换“不”，因为销售谈判必须不断地拥有机会去做尝试，才会有经验不断地累积，没有人愿意把机会给一个说自己不行的人，即使你觉得自己才华洋溢也没有用，因为你的语言并没有让人生成交付责任之后的安全感，所以只要当你说自己不行的时候，你的机会就会越来越少了。

因此对一个谈判者来说，应该做的事是积极努力地去争取所有能够让自己成长的机会，要不断地进行自我激励，比如说“是的，我行，我可以”，要为自己未来辉煌的销售历程奋斗，要让不断累积的经验成为人生中最重要的财富。

实战指南

谈判时用“是的，如果”代替“不”有以下几种情况。

确认你要的结果，让自己的语言和这些自己所想要的未来配合，不要让自己的语言和自己想要的未来有所抵触。

随时检查自己平时所说出来的话是正面的还是负面的，那些对于我们人生无益甚至有害的语言要严格要求自己让它从现在开始完全消失。

在谈判中，尽量用“是”来回答对手的问题，千万不要漫无目的地提问和回答，脱离最根本的谈判目标。

讨价：不“还盘”也能达成协议

价格是你的对手作决定时唯一要考虑的吗？

你的对手在谈判方面只在乎价钱的高低吗？

难道客户不在乎产品的质量、公司信誉和服务吗？

如何做到不讨价还价也能达成协议呢？

你是否会在谈判中把价值合起来先说，价格分开来后讲？

在谈判过程中，如果你的产品是行业当中最好的产品，你可以对客户说：“我们的产品是很贵，因为它是奔驰，奔驰不可能卖桑塔纳的价格，您同意吗？”“先生，我同意，我们的产品的确是市场上最贵的。因为只有一流的产品才会卖到最好的价位，您说是不是？越好的东西，越不便宜，太便宜的东西也好不到哪里去。要买就买最好的，最好的也是最便宜的，因为您第一次就做对了，您说是不是呢？”“您有没有不花钱买过东西？有没有因为省钱买回东西来使用时后悔的经历？您同不同意一分钱一分货？我们没有办法给您最便宜的，但我们可以给您最合理的整体交易。”

销售人员在谈判过程中要学会避开客户直面问及价格的问题，用一些反问的语气让客户放弃价格的问题，把目光放到产品的性能特征上来，让客户了解产品的价值所在，促成交易。

在谈判中，强化产品的价值塑造是十分有必要的。强化产品的耐磨性、耐冲击性、容易打理等特性，深受消费者的喜欢，但是由于其产品的工业化特点，在塑造其产品价值的方面，有一定的局限性。大部分消费者认为，工业化的产品价格都会相对比较低，其实这是一个错误的看法，同时，强化产品的销售人员也会受这方面因素的影响，对自身产品的价值塑造方面也是缺乏信心。为了便于我们的销售人员掌握一套有效的价值塑造技巧，做产品介绍时，永远把你的注意力放在客户能获得哪些利益上，而不是把注意力放在你能从客户身上获得什么利益。每当你谈到产品价格时，应该先告诉客户你的产品有物超所值的地方，并把客户得到的所有利益加起来说。只要不断地强调你的产品的附加值，就会降低客户对价格的抗拒。

案例实操

放弃讨价，达成协议

一个业务员去拜访公司总经理："吴总，我已经拜访过您好多次了，您对本公司的汽车性能也相当地认同，汽车的价格也相当合理，您也听朋友夸赞过我们公司的售后服务。今天我们再次来拜访您，不是向您销售汽车的，我知道总经理是销售界的前辈，我在您面前销售东西实在压力很大，大概表现得很差，请您本着爱护晚辈的心情，给予指点，我哪些地方做得不好，以便我早日改善。"总经理说："你不错嘛，很勤快，对汽车的性能了解得又非常清楚，看你这么诚恳，我就坦白告诉你吧，这次我们要替公司的10位经理换车，当然换的车一定要比他们现在的车子更高级，以激励他们的士气，但是价钱不能比现在贵，否则我短期内宁可不换。"业务人员马上说："总经理，您实在是一位好的经营者，购车也以激励士气为出发点，今天我又学到了新的东西。我给您推荐的车是由美国装配直接进口的，成本偏高，因此价格不得不反应到成本，但我们公司月底将从墨西哥OEM进来同级车，成本很低，并且总经理又是一次购买10部，我一定能成功地说服公司尽可能地达到您的预算目标。”总经理说：“哦，的确很多美国车都是在墨西哥OEM生产，贵公司如果有这样的车的话，倒替我解决了换车的难题了。”

此案例中，销售人员在山穷水尽无法成交时，由于多次的拜访和客户建立了交情，这时如果你面对的客户不仅在年龄上或头衔上都比你大，你可以采取这种哀兵策略，让客户放弃价格而专注产品，更多地倾向于他自己中意的产品。

巧手点金

1. 谈判中，想不“还盘”，要学会转移话题

转移话题，就是在谈判过程中，一方故意脱离原来的论题，把讨论引到别的问题上。这是在谈判桌上当被对手抓住了弱点，企图逃脱时，常常采用的一种方法。

当对方“转移话题”时，人们常常会犯两种错误：其一是任凭对方转移话题，自己仍然坚持原来的话题，结果就形成了两条道上跑的两列车，各执一端，你说你的，我说我的，永无休止，永无结果；其二是当对方试图转移话题，激你与他争论时，你中了计，与他争了起来。这一点更糟，因为你只要一开始争论，你便陷入了对方偷换论题的圈套了。他的目的不过如此。

当谈判对手转移话题时，正确的应对是向谈判对手声明，他应该按议事程序来办事，“现在我们已经提出了问题，请把这个问题说明后，我再谈其他的问题”。总之，千万不能让对方牵着你的鼻子走。

2. 谈判中，想不“还盘”，就要做到类比推理

在形式逻辑中，类比推理是根据两个事物在一系列属性上的相同点，而且已知其中的一个事物还具有其他的属性，从而推出另一个事物也有这种属性。类比推理的结论具有偶然性，其真假还有待于进一步的证实。以类比推理得出的论据是不能证明什么的。

在谈判时，如果对手玩弄这种诡辩技巧，你没有必要指责对手，以免破坏了你们双方的合作关系，但是要善意地指出，类比推理必须是将两个本质上有相同属性的东西加以比较，其所类比的两个东西没有可比性；即使是符合形式逻辑的类比推理，其结论也是有待证明的，所以不能作为其论点的论据，或作为其提出要求的依据。

3. 谈判中，想不“还盘”，就要进行循环论证

根据形式逻辑的规律，论证应该由论题、论据和证明构成，其中论据是用来证明论题的，所以论据的正确性应该是确定的，假若论据的正确性不确定，它的正确性还需要论题加以说明，那就犯了循环论证的错误。在谈判桌上，有些谈判者会故意搞循环论证，来为自己的观点辩解。

在谈判时，假如对方使用这种诡辩，首先你要强调作为一个谈判者必须具有调节和控制自己情绪的能力，在任何情况下都要做情感的主人，发现对方强词夺理时，仍然要保持冷静的理智。此外，为了不恶化谈判的气氛，最好不要直接指责对手在进行诡辩，而是应该向他说明他所持的观点和论据的正确性，都是有待证明的。

4. 谈判中，想不“还盘”，要适当运用模糊语言

这是个算命先生常用的“绝招”。按照形式逻辑的规律，在一个完整

的句子里，如果其中包含了两个或两个以上的不同的语言含义，这样的句子就叫异义句。在谈判桌上，老练的谈判者为了不授人以柄，不泄露自己的秘密，也会使用这类的句子，也就是利用语言的模糊性来为自己争得更多的利益，至少争得谈判的主动。

首先要强调的是，在任何情况下都要保持冷静的头脑，不要想当然。然后，再对对方的话做具体的分析，看他的话可以进行怎样的理解。如果你发现某种解释可能会对你方不利，就应当问明，并提出反对的意见。如果你发现某种解释对你是有利的，你也有必要让对方确认，并换一种更明确的说法，千万不能只想好的，而忽视了可能的不利，陶醉于“有利的解释”中，因为那可能正是对方在“钓”你的“饵”、为你挖掘好的陷阱。

实战指南

谈判时不“还盘”要注意以下几个方面。

价格永远不是销售的决定因素。

多谈产品的价值，少谈产品的价格。

销售人员在商谈的时间顺序上，要尽量先谈产品价值，后谈价格。

在让客户充分看到产品或服务能给自己带来的价值之后再报价。

现代管理学之父德鲁克曾指出：客户购买和消费的绝不是产品，而是价值。营销的真正意义在于了解对客户来说，什么是有价值的，什么是客户关注的价值，怎样才能创造客户价值。

主导：不要轻易道歉，避免陷入被动

你是否经常都处于很被动的谈判意境呢？

谈判中，你是否经常说错话，给对手频频道歉呢？

怎样才能在销售谈判中掌握主动权，最终很好地达成交易呢？

谈判中“可借助的力量”是由哪些因素决定的呢？

如果某些因素对自己不利，你还会继续从容不迫地进行谈判吗？

当对方态度强硬时，或突然提出过分的要求时，你该怎么处理呢？

很多人在销售谈判中很容易处于劣势，经常给对方道歉，处处显得很被动，其节奏也往往被对手所控制，最后频频让步，以至于还要去争取突破底线的条件，导致谈判破裂，达不成交易。

那么，怎样才能在销售谈判中掌握主动权，最终很好地达成交易呢？

在谈判之前，要清楚自己的底线，同时要了解谈判对手。我们常常觉得，销售谈判基本上都是直接上门去跟对方接触，怎么了解对手呢？其实，从你知道对方的那一刻起，就有现成的了解机会，比如说你是在对方的销售点得到对方的信息，那你可以跟销售点的人员了解一下对方的相关情况，不只是那一个联系方式；如果你是在网上发现对方，那你也可以趁机在网上进一步搜索对方的相关资料，增加一些认识。当然，更多的时候是多管齐下，多种途径去收集信息的。

谈判的节奏是非常重要的，要强调不急，就是不能暴露自己的心态，以至于被对方控制节奏，这跟体育比赛时运动员们经常强调的节奏是一样的，如果你的节奏被对方所掌握，就容易被对方控制进程。所以，不要急于达成交易，多做前期的试探性接触，了解对方的条件、掌握对方的意图、分析对手的特点。

谈判不是谁说得多谁就掌握了主动权，恰恰要让对方多讲、自己多听，从对方的谈话过程中进一步了解对方的谈判风格、进一步搜集信息、了解对手漏洞、找到双方的共同点。

如果自己有一些必须要对手接受的条件，那你可以在一开始就把这些条件先摆出来，如果对此没有异议，再进一步进行谈判。比如付款方式，这往往是刚性、没有余地的条件。可以先声明：其他都可以谈，但必须现款。这样就划定了谈判范围，节约了大家的时间。但有时候如果不希望一开始就谈判破裂，希望对方在做了一系列努力以后因不愿放弃而接受一些条件，那就要慎用这种预告底线的方法。

案例实操

掌握主动权，赢得谈判

王老板的事务所曾接受过X公司的委托。X公司向美国的大企业Y公司提供电脑配件，其在日本的总部也只是一家骨干企业。

一开始，X公司就打算放弃与Y公司进行谈判。但是，为了慎重起见，X公司的负责人A先生在准备直接签字之前，找到了王老板。Y公司起草的合同果然全部是单方面对Y公司有利的内容。

比如说："Y公司向X公司所发出的订单，在X公司送货上门之前，可以随时取消。"这是绝对不能容忍的。X公司是根据Y公司下的订单才制作配件的，如果配件加工好之后，Y公司取消了订单的话，那就苦不堪言了。而且这些配件又不能改为其他用途。

除此之外，还有另外两处，都是对X公司非常不利的条款。这三项条款是必须修改的。于是，为了双方的谈判“从高起点开始”，X 公司就连同其他一些不太重要的修改要求一起，向对方提出了要求：“共计 10 处需要修改。”当然，Y 公司会予以反驳。不过，王老板一直坚持不懈，在谈判中，对于其中七处不是特别重要的修改内容，逐渐加以放弃。

对于其中“实难从命”的三处，经过一番努力，终于顺利地得以修改。看来，王老板的“高起点”策略很有效。“对方是大型企业，所以一开始本打算放弃与他们进行谈判的。现在看来，还是应该尝试一下的。”X 公司的负责人 A 先生对这一结果非常满意。

这个案例中，在谈判过程中，对谈判抱有很高期望的谈判者都渴望能够在谈判争论初期便占据主导地位，他们需要通过占据主导地位来控制局势。因此，主导策略具有很强的侵略性，谈判各方都力争占据主导地位。

巧手点金

1. 谈判中不要轻易道歉，服务承诺应该量力而行

俗话说：“承诺是金。”这句话就告诉我们，许下承诺是一件非常重要的事情。因此在服务客户时，应该首先考虑的就是在自己能力范围内能给客户什么样的承诺，不能夸下海口，这样只会让客户觉得你不可靠，不能给人一种信任感。其次，我们应该考虑承诺能给客户带来什么样的效果，对于客户许下的承诺不能给客户带来效果，那么倒不如不给予服务承诺。最后，应该考虑这个承诺需不需要和相关部门结合，如果需要，应该先咨询相关人员再给予承诺。所以销售人员在服务客户时，不能随便给予客户承诺；有时候不能兑现承诺就会影响你在客户心目中的印象，影响你今后工作的顺利进行。

2. 谈判中不要轻易道歉，要“分圆式”服务承诺

很多时候，客户在向销售人员咨询时，都是要销售人员当场给予承诺，但

是他的问题关系着很多个相关部门人员。作为一名服务客户的合格的销售人员，不能让客户逐一去同相关人员联系，这是违反服务的大忌。这个时候也不能以直线型给予承诺，这样可能会造成无法兑现服务承诺。销售人员应该以“分圆式”给予承诺，就是说要环绕中心进行分段给予承诺。比如：销售人员在对客户进行经营指导时，都是围绕提升客户经营能力为中心的，但是客户经营指导分为好几部分，这个时候应该分段给予承诺，因为指导经营是包括多方面的，成功的可能性主要由客户本身决定，而不是当场给予指导成功的承诺。所以销售人员应该能够有把握地给予承诺，根据客户配合程度，分段给予相应的承诺，这样就不会影响到彼此之间的关系，同时也保持着一个回旋余地。

3. 谈判中不要轻易道歉，要学会及时处理承诺，升华彼此情感

销售人员在给予服务承诺后，应该想方设法完成，及时给客户一个满意的答复。一个承诺关系到对客户服务的成果，如果无法给客户一个满意答复，或者不能在客户耐心消磨光之前给予回复的话，这样就会在客户心中留下一个污点。“好事不出门，坏事传千里。”所以销售人员应该及时给客户兑现承诺，不然影响的不止是一个客户，而是一群客户。

简单说来，服务承诺是销售人员应该给予客户的，也是销售人员对客户负责的见证。因而，销售人员应该小心处理每一次的承诺，保证客户对自己的服务满意，升华彼此之间的情感。

4. 谈判中不要轻易道歉，要多鼓励客户

鼓励客户是销售过程中最重要和最困难的步骤，因为这与一般人受到攻击时的自然反应背道而驰。人受到攻击时，都会为自己辩保。销售人员听到拖延型异议时，总是希望立即提出解答或索性假装听不到，这是错误的处事方法。在客户提出拖延型异议的一刻，不要急于答辩，应该坦然接受客户是有权提出异议的，并且表示自己乐意听取客户尽诉其心中疑惑，

然后，细心倾听对方的说法。

实战指南

谈判时不要轻易道歉，避免陷入被动需要注意以下几个方面。

寻求对方的真正需求和问题所在。

满足对方的需要，真正能帮助到对方。

与客户多保持联络，最好能建立互相产生信任的朋友关系，用心去把握每一个客户。

要有合作精神，要给对方足够的机会发表不同意见，提出不同设想。只要有可能，尽量提一些使双方达成一致的问题，并在适当时候重申这些问题来巩固效果。

愿意接受对方意见，只要对方的建议是合理的、正当的，就应尽量对对方的建议表示赞同。通常来讲，赞成对方的观点比反对对方的观点效果会更好。

迂回：讲究语言艺术

谈判时你的一言一行对谈判有哪些直接影响？

谈判中你的语言是否具有针对性，能否做到有的放矢？

在否决对方要求时，如何才能做到表达方式婉转呢？

谈判中你是否具有灵活的语言应变能力？

当遇到对手逼你立即做出选择时，你该如何应对？

讲究语言技术，对谈判双方有什么好处呢？

语言是一种交际工具，人们正是通过语言进行感情和思想交流，才保持了和谐的关系。对于销售谈判来说，语言是与客户沟通的媒介，一切谈判活动首先是通过语言建立起最初的联系，从而使谈判活动不断进展，最终达到购买目的。所以，语言交流是谈判活动的开端，这个头开得好不好，直接关系到销售谈判的成败。

消费者经常这样问："你们的产品真的像广告上说的那样好吗?"销售人员通常立即答道："您试过之后的感觉会比广告上说得好。"消费者还会接着又问："如果买回去，用过以后感觉不那么好怎么办?"销售人员笑着说："不，我们相信您的感觉。"从而，这次促销活动获得很大成功，不仅产品销量超过往次，更重要的是产品品牌的知名度大大提高。

一般说来，话说得恰到好处，就会把自己与客户的距离拉近，生意就可能做成。如果话说得不得体，甚至让人不好接受，刚一接触印象就不好，自然也谈不到生意达成了。作为一名销售人员，由于职业的关系，说话要注意掌握好分寸，说什么话，什么时间说，怎么说，不同于日常生活的语言交流，要有职业特点。

语言交际是一种建立在心理接触基础上的人际交往。所以，心理因素对语言交际的影响最大、最直接，也最关键。销售人员在与客户谈判时，一定要注意使自己的语言贴近对方的心理，尽可能地消除由于心理障碍造成的隔阂。这是因为，人们对任何事物的接受，首先表现在心理上接受，因此把话说到人的心里，事情才好办。

→ 案例实操

讲究语言技巧，化解客户的心理疑虑

"胡总，您好！看您这么忙还抽出宝贵的时间来接待我，真是非常感谢啊！（感谢客户）

“胡总，办公室装修得这么简洁却很有品位，可以想象到您应该是个做事很干练的人!”（赞美客户）

“这是我的名片，请您多多指教!”（第一次见面，以交换名片自我介绍）

“胡总以前接触过我们的公司吗?”（停顿片刻，让客户回想或回答，给客户留时间）

“我们的公司是国内最大的为客户提供个性化办公方案服务的公司。现在的企业不仅关注提升市场占有率和利润空间，同时也关注如何节省管理成本。考虑到您作为企业的负责人，肯定很关注如何最合理配置您的办公设备，节省成本。所以，今天来与您简单交流一下，看有没有我能协助得上的。”（介绍此次来的目的，突出客户的利益）

“贵公司目前正在使用哪个品牌的办公设备?”（问题结束，让客户开口）

胡总面带微笑非常详细地和该销售员谈起来……

从这个例子可以看出，注意语言技巧能够吸引对方的注意力，引起客户的兴趣，使客户乐于与我们继续交谈下去。同时，要找出客户真实需求的关键部分。该案例的销售人员，就通过很好的开场白吸引了客户，有个漂亮的开门红，就等于向促成销售迈进了一步。

巧手点金

1. 谈判时，用客户听得懂的语言来介绍

通俗易懂的语言最容易被大众所接受。所以，你在语言使用上要多用通俗化的语句，要让自己的客户听得懂。销售人员对产品和交易条件的介绍必须简单明了，表达方式必须直截了当。表达不清楚，语言不明白，就可能会产生沟通障碍，就会影响谈判。此外，销售人员还应该使用每个顾客所特有的语言和交谈方式。

销售是语言的艺术。过人的销售技巧其实就是过人的语言艺术，它不仅要有洞悉人心的敏锐，也要有动摇客户心旌的表达能力。成功的推销员，往往能口吐莲花，他们的语言就像一双柔软的手，能抚摸到客户心灵最柔软的地方。毋庸置疑，每一件产品的销售，不仅需要产品本身的品质做基础，更需要有注入人心的语言艺术开疆拓土。

2. 谈判时用讲故事的方式来介绍

大家都喜欢听故事，所以如果用讲故事的方法来介绍自己的产品，就能够收到很好的效果。

任何商品都有自己有趣的话题：它的发明、生产过程、产品带给顾客的好处，等等。销售人员可以挑选生动、有趣的部分，把它们串成一个令人喝彩的动人故事，作为销售的有效方法。所以销售大师保罗·梅耶说："用这种方法，你就能吸引顾客的注意，使顾客产生信心和兴趣，进而毫无困难地达到销售的目的。"

3. 谈判时要用形象地描绘来打动顾客

有这样一句话："说话一定要打动顾客的心，而不是顾客的脑袋。"为什么要这样说？因为顾客的钱包离他的心最近，打动了他的心，就打动了他的钱包。而打动客户心的最有效的办法就是要用形象地描绘。

4. 谈判时用幽默的语言来讲解

每一个人都喜欢和幽默风趣的人打交道，而不愿和一个死气沉沉的人待在一起，所以一个幽默的销售人员更容易得到大家的认可。

幽默可以说是销售成功的金钥匙，它具有很强的感染力和吸引力，能迅速打开顾客的心灵之门，让顾客在会心一笑后，对你、对商品或服务产生好感，从而诱发购买动机，促成交易的迅速达成。所以，一个具有语言魅力的人对于客户的吸引力简直是不能想象的。

出色的销售人员，是一个懂得如何把语言的艺术融入到商品销售中的人。可以这样说，一个成功的销售人员，要培养自己的语言魅力。有了语言魅力，就有了成功的可能。

实战指南

谈判中讲究语言艺术需要注意以下几个方面。

谈判者是靠嘴吃饭的，所以，一名出色的销售人员一定要有出色的口才。只有出色的口才，才能够让客户感受到你的魅力，乐意购买你的产品。

一个谈判者要想让产品介绍富有诱人的魅力，以激发顾客的兴趣，刺激其购买欲望，就要讲究语言的艺术。

“买卖不成话不到，话语一到卖三俏”，由此可见谈判语言的重要性。

好的口才能够充分展示一个谈判者的个人魅力，同时也给自己的顾客带来愉悦的享受。

第八章　坚定立场，控制最高点

——谈判中必须遵守的原则

“谈判”一词，总令人联想到烟雾弥漫的会议室，一群面色凝重的商界大腕争执不下，或者两国外交官员在计较得失。所谓谈判，我们通常认定是克服某一困难，使立场不同的双方能形成共识的过程。简单地说，谈判是与他人达成一致意见的过程，它是一种日常活动。在竞争激烈的商业社会里，有效的谈判至关重要。谈判中要坚定自己的立场，遵守一定的谈判原则。

平等：不要试图征服对方

谈判中应该遵循哪些谈判原则呢？

你有足够的信心和优势征服顽固的客户吗？

在谈判中，你无止境地赞美自己的产品，就能征服对方吗？

总是想试图去征服对方，这样能谈判成功吗？

谈判中重要的是征服对方还是用客观事实来证明自己呢？

谈判中最大的问题往往是因为参与者想要去征服对方，只注意个人的表现，反而疏忽了客观事实。

其实，谈判并不就是意味着针锋相对、唇枪舌剑。你在谈判的时候最重要的目标不是去压倒对手，而是让对方了解你的观点。只有基于双方达成的共识，才能产生持久成功的协议。与其用锋利的言辞迫使对方词穷，不如让对方完全理解你的看法，达成符合双方共同利益的协议。

平等互利是我们进行销售谈判必须遵循的最重要的原则，也是销售谈判得以顺利进行和取得成功的重要前提。国家不分大小贫富，企业不论实力强弱，个人不管权势高低，在销售谈判中地位一律平等。不可颐指气使，盛气凌人，把自己的观点和意志强加给对方。谈判各方要尊重对方的主权和愿望，根据彼此的需要，在自愿的基础上进行谈判。对于利益、意见的分歧，应通过友好协商加以妥善解决，而不可强人所难。切忌使用要挟、欺骗的手段来达到自己的目的，也不能接受对方带强迫性的意见和无理的要求。使用强硬、胁迫手段，只能导致谈判破裂。

想要得到成功的结果，就不能有对立的心态，只有合作才管用。所以应该把谈判当做一种双方共同承担的工作，双方需要的是同一样东西，那就是取得成果。

因此，对于谈判，你可以把它想成合作摊一块能够做得更大的饼，而不是要去征服对方、分到比他更多的饼。如果你真想做出一个更大的饼，首先得充分了解对方的建议和需要，与你自己的需要相比较，寻找双方共同的利益，以此为出发点，往前发展。在这个创造性的过程中，你和对方既是谈判对手又是合伙人，祸福相依，同进同退。

案例实操

不要想着征服对方，要控制自己的情绪

“如果我不先控制好自己的情绪，就做不成买卖。”美国芝加哥一个著名的房地产经纪人，就碰到过一个实际的例子。

有一天，他带一个客户去看一栋漂亮的房子，屋主碰巧外出旅行了，而且没有事先告诉他的经纪人。房主的经纪人费了九牛二虎之力，好不容易才查出房主的落脚处，便在办公室给他打电话。这位经纪人劈头就对房主说：“我们给你找了一个买主，我看你根本不配合。你为什么不声不响就溜掉，害得我到处找不到人……”他没头没脑地数落了房主一顿，继续说：“你一定不会喜欢这笔交易，那你还是找别人代理吧……”

这个案例中，房地产经纪人觉得都是对方的错，想着用讽刺的言语去征服对方，但是我们要明白谈判的一项重要原则就是区别人与事，在你处理事实之前，你必须要知道自己是不是想要这单生意，然后要处理好情绪问题，因为客户不怕你做不做他的生意。

巧手点金

1. 谈判中不要试图去征服对方，而是要把服务想在客户前面

每位客户需求的特点虽然不一样，但作为客户他们都有一个共同的谈判心理，有共同的规律可循。抓住了这点，就可预先考虑到客户需要什么。

在为客户服务的时候，首先要考虑如何节省客户的时间，为客户提供便利快捷的服务。设身处地为客户着想，从商品照片的拍摄、商品的陈列、商品说明、商品采购、商品种类，以及信息回馈等各个方面都要站在客户的角度考虑周详。尤其必须保证快速回复客户提出的问题。这样就要求卖家经常到网店来维护。如果不能做到经常上网查看，也应该留下别的联系方式以及相关说明，以免让客户感到受冷落。

为客户服务不仅要为客户解决问题，而且要给客户快乐的心情，带给客户美妙的感觉，使客户的购买活动变成一个享受快乐的过程。事实上，许多人在服务时，并不真正了解客户的需求和期望，不了解客户迫切需要的是什么样的服务，所以结果往往不理想。

2. 谈判中不要试图去征服对方，而是主动满足客户需求

客户在购买商品后，只是满足了其购买需求的一方面。另一方面，如果客户在购买的过程中遇到了其他意外问题时，店主能为客户提供细致周到的额外的服务，客户的心理感受就会更强烈，这种免费的服务不但能够增进店主和客户之间的关系，更是一种树立网店形象和品牌的良好方式。这对于不能提供实体店面直接服务的网上店面来说显得尤其重要。

要赢得客户满意，不仅是被动式的解决客户的问题，更要对客户需要、期望和态度有充分的了解，把对客户的关怀纳入到自己的工作和生活中，发挥主动性、提供量身订做的服务，真正满足客户的尊严和自我价值感，不只要让客户满意，还要让客户超乎预期的满意。

3. 谈判中不要试图去征服对方，对客户的差评要接受

网络上的卖家都很注重自己的积分，高的积分才能使店铺的等级上升，这样才能吸引更多客户。可一旦被客户打了差评，首先要客观地回应客户的批评，如果确实是自己做得不够好，一定要虚心接受，然后改正自己服务中的缺陷。只有这样，网店的服务才会更好，买家也会觉得店主经营有方，对客户足够重视。如果是客户本身对商品不够了解或是别的原因导致的误会，卖家也应该耐心解释，不应掺杂个人态度，客户也会因为店主的大度而增加对店铺的好感。

4. 谈判中不要试图去征服对方，要学会尊重客户

得到别人的尊重在人的需求等级中处于较高层级，客户的谈判购买过程是一个在消费过程中寻求尊重的过程。客户对于网上购物活动的参与程度和积极性，很大程度上在于店主对客户的尊重程度。店主的一切销售活动都应体现其对客户的有形或无形的尊重。只有出于对客户的信任与尊重，永远真诚地视客户为朋友，给客户以“可靠的关怀”和“贴心的帮助”，才是面对客户的唯一正确心态，也才能真正赢得客户。

实战指南

谈判中不要试图征服对方需要注意以下几个方面。

在销售谈判中，各方之“同”，是使谈判顺利进行和达到预期目的的基础，从分歧到分歧等于无效谈判。

要把谈判的重点和求同的指向放在各方的利益上，而不是对立的立场上，以谋求共同利益为目标。这就是求大同，即求利益之同。

一项成功的商务谈判，并不是置对方于一败涂地，而是各方达成互利的协议。林肯曾颇有感触地说：“我展开并赢得一场谈判的方式，是先找到一个共同的赞同点。”

谈判的前提是“异”，谈判的良好开端则是“同”，谈判的推动力和谈判的归宿更在于“同”。

双赢：双赢才是最好的结果

怎样最大限度地扫除障碍，使双方实现最大限度的合作，获取最大限度的利益呢？

双赢在谈判中能够给谈判者带来哪些意想不到的好处和收益？

谈判的结果怎样才算是最好的呢？

寻求自己最大利益的解决方案时，怎样才能同时满足对方对最大利益的需求？

很多谈判本来可以达成一致，但是结果却不欢而散，造成两败俱伤的不利原因是什么？

谈判，是一种为了达成协议或寻求解决问题的方法，谈判的任何一方在与对方合作的同时，都力图赢得最大利益。因此，使用有效的谈判策略是必要的。双赢才是最好的结果，它能增加谈判者之间的信任度，提高谈判中的自觉性，增加谈判成功的机会，更有助于双方在平等互利的基础上建立长久的合作关系，促进双方相互交往沟通和传递信息，从而获得销售谈判的成功。

在谈判中，双方的利益不一致是必然的，有时甚至是尖锐对立的。正由于分歧的存在，才需要运用谈判进行协调，但协调的方式不同，其结果的差异也是很大的。在谈判桌上，我们常常就像争食的姐妹一样，不懂得通过互利使双方各有所得。我们常坚持与对方对立的立场，以强硬的手段获得利益，而不懂得利益的分享是互利与合作的基础。

成功的、合作的谈判的关键在于找出什么是对方的真正需要。当你谋求你的利益的时候，也给对方指出一条路，使其获得他所谋求的利益。谈判者还应该把对方看作是风浪中同舟共济的伙伴。为了自己能够生存下来，就得设法帮助对方也生存下来。这是增强你抗御风浪的实力，以驶入彼岸的需要。但这也意味着，对方要与你分吃最后一块面包，分喝最后一瓶淡水。在谈判桌上，当你要喝汤的时候，不要忘记对方手中也有一把勺子。

→ 案例实操

关心对方的利益，才能自己获利

美国钢铁大王安德鲁·卡耐基曾经有过这样一个谈判。有一段时间，他每个季度都有10天租用纽约一家饭店的舞厅举办系列讲座。后来，在某个季度开始的时候，他突然接到这家饭店的一封要求提高租金的信，而且对方要求将租金提高2倍。当时举办系列讲座的票已经印好了，并且都发出去了。卡耐基当然不愿意支付提高的那部分租金。几天后，他去见饭店的经理，说："收到您的通知，我有些震惊。但是，我一点儿也不埋怨你们。如果我处在你们的位置，可能也会写一封类似的通知。作为一个饭店的经理，你的责任是尽可能多地为饭店牟取利益。如果你不这样，你就可能被解雇。如果你提高租金，那么让我们拿一张纸写下将给你带来的好处和坏处。"他拿过一张纸，在纸的中间画了一条线，左边写"利"，右边写

“弊”。他在利的一边写下了“舞厅，供租用”。然后说：“如果舞厅空置，那就可以出租，这当然意味着你得到了一些非常有利可图的生意。”

“现在，让我们考虑一下弊。首先你并不能从我这里获得更多的收入，只会获得的更少。实际上你是在取消这笔收入，因为我付不起你要求的价，所以我只能被迫改在其他的地方办讲座。”

“其次，对你来说，还有一弊。这个讲座吸引了很多有知识、有文化的人来你的饭店。这对你来说是个很好的广告，是不是？实际上，你花5000美元在报上登广告，也吸引不了比我这讲座更多的人来这个饭店。这对于饭店来说是很有价值的。”

卡耐基把这两项“弊”写下来，然后把纸交给经理，说：“我希望你能仔细考虑一下，权衡一下利弊，然后告诉我你的决定。”第二天，卡耐基收到一封信，通知他租金将只提高1倍，而不是2倍。

这个案例中，卡耐基一句也没提自己的要求、自己的利益，而是始终在谈对方的利益以及怎样实现才对对方更有利，但是却成功地达到了自己的目的。关心对方的利益，站在对方的角度设身处地地为对方着想，指出他的利益所在，对方就会欣然与你合作。要生存下来，共御风险，就得共享利益。

巧手点金

1. 谈判中要转变观念——谈判所要统一的是双方的利害关系，而不是双方的观点

事实上，谈判的基本问题不在于各方冲突的观点上，而在于各方的需求、愿望、关心和忧虑的冲突上。因此，在谈判过程中出现对抗与冲突时，最好的解决办法就是着眼于他们的利益，避开他们的观点。

之所以这样讲，是因为每个利益通常可能有几个可以使之满足的观点。人们总是一味地采取最显而易见的观点，并可能因此而诱发对抗与冲突。但当他们透过相对的观点去寻找那些根本利益时，常常可以发现一个可取代前者而又符合双方利益的观点。比如，在列车上，一位乘客坚持要打开车窗，而另一位乘客坚持要关上车窗，除了争吵外，两人之间似乎没有其他解决途径。这时列车员走过来，问坚持开窗的人为什么这么做，他回答说："要呼吸新鲜空气。"列车员又问坚持关窗的人为什么这样做，他回答说："怕穿堂风。"列车员想了想，关上了这扇窗，打开了旁边的一扇窗。从这个例子中我们可以看出双方的利益并不冲突，仅是具体观点的冲突。如果不局限于具体观点的冲突，完全可以找到令双方利益都受保护而又能为双方接受的观点。不意气用事，选择双方均可接受的观点，何乐而不为？

在谈判过程中，有的谈判者有时会认为双方利益是完全对立的，因为双方的观点是水火不容的。在这种情况下，如果谈判者只对自己感兴趣，那么定会遭到对方的猛烈进攻。可是，在许多谈判中，当我们透过对立的观点而对其掩盖的根本利益进行审查时，我们就会惊喜地发现谈判双方共同的或相容的利益要远远多于他们的相对利益。在谈判过程中把握这一规律，就会使双方的共同利益都得到最大限度的满足。

2. 谈判中要为合作奠定基础——谈论双方的利益

谈判是以实现谈判者的经济利益为目的，那么怎样才能在沟通的过程中富有建设性地讨论双方的利益，为双方最终达成圆满的结局奠定基础呢？

第一，阐述自己的利益时要实事求是。明确、具体而详细地阐述你的利益不仅可以使你的叙述真实可信，而且会有助于树立你在谈判中的良好形象，增加影响。而且，只要你没有认为对方的利益无足轻重和不合情理，就能够理直气壮地阐述你所关切的问题的重要性，引起对方对你的利益的重视。

使对方注意你的利益的用意还在于确定这些利益的合理性。要让对方感觉到你并不是在不近情理地斤斤计较或对他们进行人身攻击，而是在真诚地合乎情理地要求他们关注你所面临的问题。

在彼此沟通的过程中，你的表现使对方感到你理解他们，能从他们的角度思考问题，那么他们也会投挑报李，认真地倾听你的发言。因为他们往往认为那些理解他们的人是明智的和富有同情心的人，这些人的见解往往值得一听。

第二，提出具体、灵活的意见。即在参加会谈时，不仅要准备一个或几个明确的选择办法来满足你的合理利益，而且要表现出不坚持己见，随时可接受不违背原则的新意见的姿态。

总之，为自己的利益而努力的谈判并不意味着要无视对方的利益。现实恰恰相反，如果你没有对对方的利益给予必要的关注，又没有表示出准备接受他们的建议的意思，那么就不要一相情愿地期望对方关注你的利益并讨论你所提出的建议。

实战指南

谈判中达到双赢需要注意以下几个方面。

每一场谈判都潜伏着各方的共同利益，它们可能不是十分明显。谈判者应努力去寻求合作与互利的机会。

共同利益有助于谈判双方达成协议，提出一个能满足双方共同利益的主意，对双方都是有利的。

共同利益的机会不是天赐的。谈判人员要善于创造机会、利用机会、抓住时机，将共同利益明确地表述出来，系统地阐述清楚。

在互相交流的过程中，要尽量强调共同利益给双方带来的好处，尽量避免发生对谈判进展无益的争执，这样会使谈判在和谐的气氛中顺利进行。

记住：成功的谈判要求谈判者既能坚持自己的利益，又不固执己见。

回报：一定要索取回报

谈判中，你已经做出让步，怎么才能理直气壮地索取对方的让步呢？

你有足够的专业知识和优势获取一定程度的回报吗？

在谈判中，怎样才能巧妙地向对方索取一定的回报呢？

为什么不能一开始就直接给予买方最低报价？

无论对方要求你做出的让步多么微不足道，也一定要请对方做出一些相应的回报吗？

在谈判过程中，无论在什么情况下，只要你按照对方的要求做出一些让步，就一定要学会索取回报。只要你掌握了这一策略，第一次使用它所带给你的回报就将数倍于第一次的成交价，从此以后，这一策略每年都会带给你成千上万的回报。

声明你所做出的让步可以激发对方做出回报的责任感，但有时候他们在承担这种责任方面表现得很迟钝。为了增加因让步而得到一些回报的可能性，尽量去明确地索要报答，而不应该是委婉或外交式地表达。

例如，某 IT 服务商和客户谈判。客户暗示说 IT 公司的成本预算高得离谱；而IT公司的项目经理认为成本预算很准确（可能还是比较保守的），因为要考虑到项目的复杂性和很紧的工期。如果项目经理想做出一些让步，他可能会这样说："这对我们来说太困难了，但是考虑到您的情况，我们还是在价格上做出了调整。您现在又得到了优惠，我希望您能将工期再延长一些。每一步都延长一个月对我们的帮助会非常大。"

请注意，这样的陈述达到了三个目的。第一，声明了自己的让步行为（"这对我们来说太困难了，但是我们还是做出了一些调整……"）；第二，巧妙地表达了对回报的要求（"既然您得到了优惠，希望您能改变一下工期要求……"）；第三，已经开始说明回报的具体形式（"每一步延长一个月……"）。虽然这些都是非常重要的，但谈判者经常忽视对回报要求的具体说明。要记住，没有谁比你更了解自己的需求，如果你不说出来，你将只能得到对方认为你想要的东西，或者更糟糕的是，对方最方便提供的东西。

索要和明确报答要求的战术在很多情况下都有施展空间，掌握如何运用它的人会因此得到巨大的收获。商业顾问同其雇用者之间的战术就是最好的例子。当客户赞扬他的工作时，一个聪明的顾问会立即表明，最愿意听到这种表扬的是他的老板（或其他的潜在客户）。就这样，他明确地告诉了客户什么是对他最好的报答。

案例实操

及时索要回报

A公司同B公司签订一项合同，供应5000顶帽子，双方约定的交货期为9月10日。9月3日，B公司打来电话，要求提前到5号或6号送货。

由于A公司在签订合同时预留了足够的时间，实际在9月2日时，B公司订购的5000顶帽子已制作完成。

假定你是A公司负责该业务的销售人员，该如何做：

A. 不同意，严格执行合同，仍然在10日送货；

B. 同意5号送货（心想反正放在我们仓库还占地方，不如早点送掉）。

优秀的谈判人员会这么做：

首先，分析对方为什么要求提前送货呢——他们的上家要求提前交货？他们的庆典活动提前举行了？

其次，想想如果提前送货对自己有何利弊——少占仓库位置，节省保管费用。

答复："我和生产部的同事们商量一下，看看能否赶赶进度吧。不过如果我们能够提前交货的话，你又能为我们做什么呢？"

猜猜看，结果会怎样？

该公司："这样吧，5号送货过来的时候，我们先付50%的现金给你，剩下的货款仍然按合同，月底给你们。"

A公司销售代表（高兴的差点喷出来，原本约定的是先送货，货款月底开支票的）："好吧，我马上去商量！"

这个案例中，A公司的销售代表能够巧妙地在不损害双方利益的情况下，为公司索要额外回报，可见及时索取回报，可以让你所做出的让步更有价值，避免对手得寸进尺，有利于谈判的顺利进行。

巧手点金

1. 谈判中，报价要高过你所预期的底牌，为你的谈判留有周旋的余地

谈判过程中，你总可以降低价格，但绝不可能抬高价格。你对对方了解越少，开价就应越高，理由有两个。首先，你对对方的假设可能会有差错。如果你对买方或其需求了解不深，或许他愿意出的价格比你想的要高。

第二个理由是，如果你们是第一次做买卖，若你能做很大的让步，就显得更有合作诚意。你对买方及其需求了解越多，就越能调整你的报价。这种做法的不利之处是，如果对方不了解你，你最初的报价就可能令对方望而生畏。如果你的报价超过最佳报价价位，就暗示一下你的价格尚有灵活性。

如果买方觉得你的报价过高，而你的态度又是“买就买，不买拉倒”，那么谈判还未开始结局就已注定。你可以通过如下方式，避免开出令对方生畏的高价：“一旦我们对你们的需求有了更准确的了解，也可以调整这一报价。但就目前你们的定货量、包装质量和适时库存的要求来看，我们最低只能出这个价”。这样，买方可能会想：“要价太高了，但看来还可以谈一谈。我要下点工夫，看看能压到多少。”在提出高于预期的要价后，接下来就应考虑：应该多要多少？答案是：以目标价格为支点。对方的报价比你的目标价格低多少，你的最初报价就应比你的目标价格高多少。如果谈判的最终结果是折中价格，你就达到了目标。

2. 谈判时不能出现对抗性情绪

因为此时，买方会迅速感觉到你是在争取双赢方案，还是持强硬态度事事欲占尽上风。如果双方的立场南辕北辙，你千万不要力争，力争只会促使买方证明自己的立场是正确的。最好是开始时赞同买方观点，然后运用“觉得，原来觉得和最后发现”这种先退后进的方法扭转局面。

买方出乎意料地对你产生敌意时，这种先进后退的方式能给你留出思考的时间。例如，如果买方说：“我听说你们货运部有问题。”你听了之后不要与他争论。那样只能会让他怀疑你的客观性。你应该说：“我非常理解你对此的心情，许多购买者也有同感。”

赢得终局圆满的另一招是最后时刻做出一点小让步。强力销售谈判高手深知，让对方乐于接受交易的最好办法是在最后时刻做出小小的让步。

尽管这种让步可能小得可笑，例如付款期限由30天延长为45天，或是免费提供设备操作培训，但这招还是很灵验的，因为重要的并不是你让步多少，而是让步的时机。

你可能会说："价格我们是不能再变了，但我们可以在其他方面谈一下。如果你接受这个价格，我可以亲自监督安装，保证一切顺利。"或许你本来就是这样打算的，但现在你找对了时机，不失礼貌地调动了对方，使他做出回应："如果这样，我也就接受这个价了。"此时他不会觉得自己在谈判中输给你了，反会觉得这是公平交易。

为什么不能一开始就直接给予买方最低报价？让对方容易接受交易是其中缘由之一。如果你在谈判结束之前就全盘让步，最后时刻你手中就没有调动买方的砝码了。交易的最后时刻可能会改变一切。就像在赛马中，只有一点最关键，那就是谁先冲过终点线。作为一名深谙谈判技巧的强力型销售谈判人员，你应能自如地控制整个谈判过程，直到最后一刻。

实战指南

谈判中及时索取回报的技巧及注意事项有以下几方面。

及时索取回报，可以让你所做出的让步更有价值。

及时索取回报，可以帮你避免很多麻烦。如果对手知道每次让你让步都要他付出代价的话，他就不会无休止地一直让你让步。

一定要及时，在对手要求你让步的同时，当即提出，事后再提出，对手一般不会同意。

注意表达方式："如果我们能够为你做这个，你会为我们做什么呢？"千万不要索取具体的报酬，避免在双方之间造成一种对抗的情绪。

智慧：用智慧代替“小聪明”

你在谈判中运用的谈判技巧在别人看来是大智慧还是小聪明呢？

谁会相信成功的人都不聪明呢？

在谈判中，要小聪明会给谈判带来什么不利后果呢？

在谈判技巧中，小聪明算是大智慧吗？为什么不能用“小聪明”来代替大智慧呢？

到底什么是谈判中的智慧？

怎样才能用真正的智慧取得谈判的成功呢？

也许在谈判工作遇到难题的时候，你会希望有一名智慧型的人来帮助你解决问题。其实，智慧型的人脉有很多，只是你不善于发现而已。很多大型企业家其实就是因为身边拥有众多的智慧型人脉，才有了“一方有难，八方支援”的良好循环。

也许，你会觉得自己是最智慧的，而其他人都不如你。事实上，这种想法在谈判桌上是要不得的，即使那些大企业家也不会如此认为自己。当我们行走在小贩林立的城市和乡镇时，沿街的小贩们从桌上或货车上卖出他们的货物，这种现象在每个城市都有，可是我们却很少去关注他们，即使和他们有所接触也会在几分钟之内搞定，因为无非是对方将东西卖给你，而你给钱将东西取走这么简单而已。在你看来，他们所从事的是最简单的交易。而事实上，那些世界富翁们所做的企业和这些小商贩们的工作性质差不多。如果你有时间停下来和他们谈谈，你就会发现他们也有自己的商业理念、经营方法、谈判技巧，那就是不管他们生活在哪儿，卖什么样的东西，有着什么样的文化背景，也不管他们在说些什么，想些什么，他们的商业都有着非常显著的共同点：他们说着一种商业的通用语言，实践着商业的普遍规律。

这就告诉我们，智慧存在于生活之中，每个人都有自己的智慧，千万不要小看别人而抬高自己，也不要用放大镜来仰视那些成功的企业家。

在《CEO 说》中，著名的管理咨询顾问拉姆·查兰认为：小到鞋店，大到世界顶尖公司的管理咨询经验，优秀的 CEO 具备的一项最重要的能力是把最复杂的生意分解成一些基本要素的诀窍。而发展智慧型人脉的关键是自己首先认识到他人的智慧，才能从他人身上吸取到智慧的因素。而要认识到他人的智慧就应懂得和他人搞好关系。

案例实操

大智慧赢得大财富

日本松下公司的前任总裁松下幸之助是个极具智慧的商人，在他的领导下，松下公司日渐强大，成为世界上著名的电器生产企业。

一次，松下幸之助去欧洲与当地一家公司谈判。

谈判开始，松下首先发言。而对方各个表情严肃，一副志在必得的样子。松下并没有谈买卖上的事，而是说起了科学与人类的关系。他说："刚才我利用中午休息的时间，去了一趟科技馆，在那里我看到了矩子模型，并且深受感动。人类的钻研精神真是值得赞叹。目前人类已经有了许多了不起的科研成果，据说阿波罗 11 号火箭又要飞向月球了。当今的科学事业能够发展到这样的水平，这实在应该归功于伟大的人类。"对方以为松下是在闲聊天，偏离了谈判的主题，也就慢慢地缓和了紧张的面部表情。松下继续说："然而，人与人之间的关系并没有如科学事业那样取得长足的进步。人们之间总是怀着一种不信任感，他们在相互憎恨、吵架。在世界各地，类似战争和暴乱那样的恶性事件频繁地发生在大街上。人群熙来攘往，看起来似乎是一片和平景象。其实，人们的内心深处却仍相互进行着丑恶的争斗。"他稍微停了一会儿，而对方越来越多的人被他的话吸引，开始集中精神听他谈话。接着，他说："那么，人与人之间的关系为什么不能发展得更文明一些、更进步一些呢？我认为人们之间应该具有一种信任感，不应一味地指责对方的缺点和过失，而是应持一种相互谅解的态度，一定要携起手来，为人类的共同事业而携手奋斗。科学事业的飞速发展与人类精神文明的落后，很可能导致更大的不幸事件发生。"

此时，人们的注意力已经完全被松下所吸引，会场一片沉默，人们都陷入了深深的思索之中。随后，松下逐渐将话题转到谈判的主题上，谈判双方成了为人类共同事业而合作的亲密伙伴。最终欧洲的这家公司接受了松下公司的条件，双方很快就达成了协议。可以说，在关键时刻，松下先生谈判言语方向的转移为谈判走向成功铺垫了道路。

这个案例中，松下巧妙地使用了转移话题的方法，先是谈人类的科学事业，再由此谈人与人之间关系的冷漠，引发会场所有人的深思和共鸣。然后逐渐将话题转入正题，此时谈判气氛不但得到缓解，而且松下关于人与人之间关系的谈话也发挥了作用，对方不再坚持那么强硬的态度，而是本着合作的态度，愉快地签订了合作协议。这就是巧妙转移话题的重要性。

巧手点金

1. 谈判中要学会转移话题，打破僵局

谈判时双方难免出现僵局，尤其当双方的条件相差过于悬殊时，都不

愿意做出妥协让步，这个时候僵局是非常容易出现的。解决的办法有两种，一种是暂停休会，使得谈判双方就谈判中出现的问题进行思考和论证，然后再继续谈判直到达成一致。另一种方法就是把暂时不能达成一致的问题和分歧放在一边，首先探讨容易解决的问题和条款。这其中，有一种与以上方法不同的打破僵局的谈判方法，就是转移话题法。

这种谈判方法讲究通过变换话题，使得谈判的气氛得到改变和缓和，让谈判双方在崭新的谈判氛围中重新讨论有争议的问题和条款，最终达成一致。

谈判时出现僵持不下的局面是非常普遍和正常的情况，毕竟双方都为了己方的利益而不愿做任何形式的让步，而如何打破僵局并顺利与对方达成对自己有利的协议就显得至关重要了。在陷入僵局时适当转移话题，巧妙地活跃双方的情绪和气氛，然后再通过话题的引申而与对方重新探讨达成一致的可能性，就能够使得双方很容易地进行沟通与理解，并从各自的利益出发，为达成最终的目的而共同努力，直至双方达成协议。

2. 谈判中巧用“天花乱坠”战术

“天花乱坠”是给对手许多资料，而使其陷入琐事中不能自拔。这样做的目的是希望他忽视真正重要的数据和放过有利的问题。

有一次一个卖主为了支持一种观点，而忙乱于两只满满的文件箱之间。当他说“我刚才还把它带来了”时，大家都笑了。可以利用的数据如此之多，我们绝不可能仔细去看其中的任何一个。

“天花乱坠”之所以能行得通，是因为人们有种倾向，容易把资料的数量与质量等同起来。当面对大量支持性数据时，人们就像在吃丰盛的自助餐一样。他们这样夹一点，那样夹一点，不一会儿就吃得太饱，以至于不能再品尝主菜了。

不要让唠叨起来没完的回答和繁杂的资料把你缠住。资料太多就如同没有资料一样糟糕。隐藏在滔滔不绝的话语中的，可能是故意制造的错误、为自己利益服务的假设和矛盾的材料。要有胆量索要详细的证据和努力去检验事物。“天花乱坠”是专门用来让你摸不清头绪的。

实战指南

谈判中用智慧代替“小聪明”时要注意以下几个方面。

不要轻易批评和指责对方，而是应站在对方的角度上考虑问题。

一定不要轻易和对方发生争吵，争吵是一种最不明智的做法。

小聪明永远替代不了大智慧。

对于所有帮助过你的人，你都要懂得感谢他们，尤其要向那些会让你期望的好事连连不断发生的人，表达感谢之意。

结交智慧型人脉需要的是你自己首先要智慧。

时间：掌控“时间”者，掌控“谈判”

你在谈判中运用的谈判技巧在别人看来是大智慧还是小聪明呢？

人们为什么要花费大量的时间进行谈判呢？

如果谈判失败，是不是意味着我们在浪费时间呢？

为什么不能一开始就直接给予买方最低报价？

无论对方要求你做出的让步多么微不足道，也一定要请对方做出一些相应的回报吗？

俗话说，“时间就是金钱”。时间何其宝贵，它本身就包含极大的价值。人们为什么要花费时间进行谈判呢？正是为了取得谈判的成功。如果一开始就根本不想促成谈判或想促成谈判而不得其法，那么，再进行谈判无疑是在浪费时间。花费时间进行谈判也是一种投资。对于大多数人来说，投资就是想要有所收获，得到相应的回报。在谈判中，所花费的时间越多，促成谈判成功的意愿就会越强。

时间观念，是“快节奏”的现代人非常重视的观念。对于谈判活动，时间的掌握和控制是很重要的。如外交谈判开始之前的准时到达，表示对谈判对方有礼貌。相反，则是不尊重。无故失约、拖延时间、姗姗来迟等，这些“时间观”产生的都是负效应，只有“准时”，才能体现出交往的诚意。

有放有收，手握节奏是高明的谈判者需要掌握的技巧。谈判节奏掌握得好坏会直接影响谈判效果。一般来说，在谈判初期，谈判节奏要快，技术性谈判要抓紧、日程安排要满，争取尽量早点暴露双方的分歧，以便早做规划。谈判中期是解决分歧的关键时期，要稳健，否则就会“欲速则不达”。谈判后期，谈判节奏则要快慢结合。

需要注意的是：在销售谈判中，如果是卖方谈判者，则应主动避开买方市场；如果是买方谈判者，则要尽量避开卖方市场，因为这两种情况都难以进行平等互利的谈判。不要在最急需某种商品或急亟出售产品时进行谈判，要有一个适当的提前量，做到“凡事预则立”。同时要注意时间因素的重要性，如夏天买棉衣，冬天买风扇，落市时去买菜，在淡季去旅游，选择对自己最有利的时机。

案例实操

谈判时间的重要性

美国著名的谈判专家科恩到东京进行一场为期14天的谈判。

两位温文尔雅的日本绅士开车前来接他。他们让科恩一个人坐在舒适的后座上，而他们则坐在拥挤的前座上。科恩对他们充满了好感。

彼此熟悉后，一个日本人说："先生，这车还舒服吧？等你回去时，我们还计划用这辆车送你到机场。"这一切让科恩觉得他们真是善解人意。虽然到目前为止，他还没有考虑返程时间，但还是告诉对方大概得两周。

接下来，在一周多的时间里，日本人白天安排科恩参观游览各个景点，晚上让他坐在榻榻米上，享受着日本传统的晚宴。每当他提到是不是该谈判了，日本人总是回答："噢，还早嘛，有的是时间啊！"

第12天，谈判终于开始了，但是日本人还要在会后请科恩打打高尔夫球，于是科恩早早结束了当天的谈判。在第13天，他们又进行了谈判，但是日本人还要为他举行欢送会，正题又没说几句。最后，在第14天的早上，他们终于触及了谈判重点。可是，正当科恩提出意见的时候，接他去机场的车已经到达。日本人还礼貌地问："先生如果不急着走，我们可以退票。"于是，科恩和日本人挤在车内一路继续谈判，在登上飞机之前，他们终于达成了协议。后来，许多年后，科恩一提起那次谈判就会说："这是日本人在珍珠港事件后取得的又一次重大胜利。"

这个案例中，那两位接待他的日本人是谈判方安排好的，他们很好地利用了科恩的时间，一再拖延不做出任何让步，最后，科恩不愿空手而归的心理让他们占尽了便宜。这种现象并不是谈判者故意而为，而是一种正常的心理表现。所以谈判高手也都是善用时间压力的高手。

巧手点金

1. 时间压力会提高谈判者在决策时的认知闭合需要

认知闭合需要是个体应对模糊性时表现出的动机和愿望，按照个体所具有的这种认知特征的强烈程度，可以将人们分为高认知闭合需要者和低认知闭合需要者：高认知闭合需要的个人一般在认知上表现得非常没有耐心，即使没有充分的证据也会立刻做出决策和确定行动方向，并有意无意地排斥新信息；而低认知闭合需要者对模糊性的容忍程度较高，更喜欢在判断之前广泛地搜集信息和对信息进行深入分析和思考，从而对已知事实做多种解释。早在1983年，Kruglanski等人就发现，时间压力会增强人的认知封闭需要，使人们只是肤浅地加工信息，不会去考虑多种可能的解释，在判断和决策时更容易受认知启发式的影响，比如首因效应和刻板印象。谈判研究者从这些决策研究的结论中得到启发，开始探索时间压力对于谈判者认知过程的影响。

2. 时间压力促使谈判者更加依赖认知启发式

谈判者在高时间压力下，系统加工信息的动机会降低，在做出让步时会更加依赖将谈判对手的刻板印象作为认知启发式的线索，比如谈判者认为商科学生更具有竞争性，因而做出的让步更小，提出的要价更高；认为宗教系学生更具有合作性，因而做出的让步更大，提出的要价普遍较低。而在不同时间压力下，谈判者对固定资源知觉的依赖主要表现在：在低时间压力下，谈判者最初的固定资源知觉强，但到谈判后期会明显减弱；在高时间压力下，谈判者的固定资源知觉程度始终是一样的，高时间压力下的谈判者更加依赖固定资源知觉进行决策和判断。这些研究结果说明，由于在高时间压力下，谈判者的认知动机降低，难以改变头脑中存在的偏见，对启发式的依赖更高，缺乏对信息进行系统、全面、深入的加工，因而很难达成整合性的谈判协议。

3. 时间压力造成谈判者的认知偏差

由于时间压力会降低谈判者认知动机，这就常常会使谈判者判断失误，忽略一些重要信息，反而对一些无根据的、自我臆想的信息过分看重，从而对谈判带来不利影响。比如，高时间压力下的谈判者会忽视谈判对手的情绪，团队谈判代表在高时间压力下会过分注重给团队成员造成的印象好坏，这些都会使谈判者错失达成整合协议的机会。

有关情绪在谈判中人际效应的研究发现，对手愤怒的情绪会使谈判者让步更大，要求更低；而对手高兴的情绪会使谈判者要求更高，让步更小。这说明谈判者是根据对手的情绪来判断对手所能承受的底线，在决策时会将这些信息综合起来考虑。之后的实验中引入时间压力变量时发现，只有在低时间压力的情境中，谈判者才会对愤怒对手做出更大的让步，提出更低的要求；而在高时间压力情境中，谈判者不太受对方情绪的影响，达成整合性协议的可能性有所降低。另外，当谈判者代表个人谈判时，时间压力会使他们的竞争性有所降低，在多数情况下谈判会达成协议；而当谈判者代表团队谈判时，谈判者的竞争行为会明显增强，在多数情况下谈判会陷入僵局。

通过以上的介绍，我们可以看出，谈判的成功在很大程度上取决于谈判者加工谈判相关信息的动机和能力，而时间压力往往造成了谈判者的思维封闭，降低了他们系统加工信息的动机，因而是谈判成功的一个重要障碍。

实战指南

谈判时间的掌握，对谈判效果影响很大，一般来说，应注意以下几种情况。

避免在身心处于低潮时进行谈判，要安排充分的休整之后再进行谈判。

避免在一周休息日后的第一天早上进行谈判，因为这个时候人们在心理上可能仍未进入工作状态。

避免在连续紧张的工作后进行谈判，这时，人们的思绪比较零乱。

避免在人体一天中最疲劳的时间进行谈判。现代心理学、生理学研究认为，傍晚 4 时至 6 时是人一天的疲劳在心理上、肉体上都已达顶峰的时候，容易焦躁不安，思考力减弱，工作最没有效率，因此在这个时候进行谈判是不适宜的。

QIYE CHENGZHANGLI SHUJIA
企业成长力书架
助 力 企 业 成 长

中国财富出版社*
北京联大文化 联合出品

作 者： 陈星全 **定 价：** 32.00 元

出版社： 中国财富出版社

《谈判攻略：销售这样谈最有效》内容简介

本书是一本结合销售实践和谈判技巧的实用工具书，对销售谈判人员在谈判过程中的不同阶段、消费者的不同心理以及谈判者应该怎么去面对客户等方面都作了详细的介绍，内容通俗易懂，栏目设置精彩纷呈，可以帮助销售人员从根本上理解销售的本质，提升自我销售境界，对销售谈判人员的工作具有指导作用。

作 者： 郝枝林 刘飞 **定 价：** 39.80 元

出版社： 中国财富出版社

《渠道为王：找对渠道做销售》内容简介

渠道就是市场，占领渠道就是占领市场。本书从 IBM、DELL 等品牌的实际案例入手，揭示了渠道在市场营销过程中的重要意义。通过渠道理论与实践充分结合，指导实际的销售活动，是一本全面解读渠道战略的实战宝典。

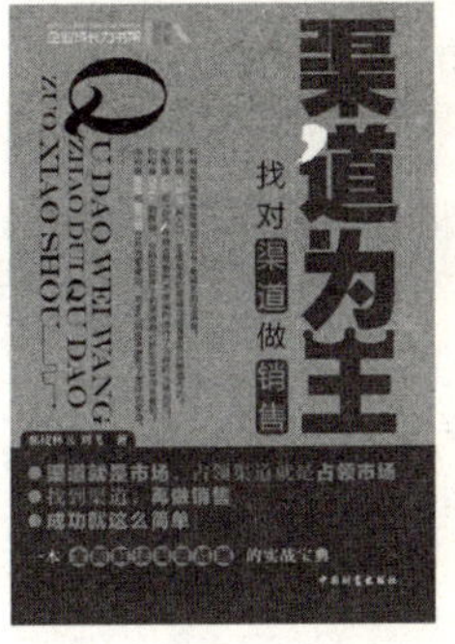

作 者： 潘永德 **定 价：** 26.00 元

出版社： 中国财富出版社

《藏在口中的财富》内容简介

好的口才有着不可估量的价值，是每个人都需要的生存技能，从工作中的求职升迁，到生活中的恋爱婚姻，从人际交往中的说话办事，到事业中的营销谈判，事事离不开口才。

好的口才能使你受益一生，本书正是一本实用口才技巧训练手册，从改善说话声音、表情动作、表达策略等方面重新训练你的口才能力，同时针对生活中与你关系最密切的说话场合，教授你最实用的口才技巧，让你突破语言的障碍，轻松应对各种语言场合！

*注：中国物资出版社已于 2012 年 4 月 1 日起正式使用新社名“中国财富出版社”。

QIYE CHENGZHANGLI SHUJIA
企业成长力书架
助力企业成长

中国财富出版社
北京联大文化
联合出品

作　者： 龚光鹤　　　**定　价：** 35.00 元

出版社： 中国物资出版社

《领导应该这样当》内容简介

领导是一种经验，领导是一种智慧。本书凝结作者投资大脑近百万的学习精华，巧妙地结合了现代企业快速发展的案例，综合分析了团队建设、投资技巧、建立人脉等领导技能的最新进展，分享了成为优秀领导者的秘诀。通过理论与实践充分结合，将本书打造成提高领导力的终极法则。

作　者： 匡晔　　　**定　价：** 32.00 元

出版社： 中国物资出版社

《这样销售最高效》内容简介

销售工作可谓“成也在人，败也在人”，而这个“人”就是销售人员。销售人员是市场销售战略的“先知者”，不仅带领着企业拨开销售的层层迷雾，更为重要的是能够发现销售的真谛。本书把销售实战和理论联系起来，使销售人员能够在赢得客户的过程中充分理解销售理论，从而积累深厚的理论素养，指导实际的销售工作。

作　者： 朱广力　　　**定　价：** 32.00 元

出版社： 中国物资出版社

《金牌销售不可不知的 9 大沟通术》内容简介

你是否为自己满腔热情的介绍，客户却无动于衷而烦恼？你是否为自己坚持不懈的努力，产品却无人问津而神伤？你是否为自己勤勤恳恳的工作，业绩却无法攀升而无措？金牌销售的成功战术究竟为何？本书通过分析 9 大沟通战术，结合具体的案例，揭示了成为一名金牌销售的秘密所在。

QIYE CHENGZHANGLI SHUJIA
企业成长力书架
助力企业成长

中国财富出版社
北京联大文化 联合出品

作　者：吴群学　　**定　价：**32.00 元

出版社：中国物资出版社

《学规则　融团队》内容简介

当你进入一个团队，而自己又不能改变团队的规则，学习和适应规则就成为你进入团队的必修课。记住：学习规则，融入团队，你才能快速地进入职场人的角色。

团队内部的一切问题都来源于规则问题。认识规则、把握规则、利用规则，最终同规则融为一体，才能在职场生存并不断前进。本书将告诉你后 80、90 后职场人快速成长的法则！

职场就是：学规则、用规则、造规则！团队就是：先融入、再切入、后深入！

作　者：蒋巍巍

定　价：32.00 元

出版社：中国物资出版社

《左右逢源：职场人际关系的 9 堂课》内容简介

在职场上，你是否会担心孤立无援？是否会羡慕那些在人际关系上有特别天赋的人？是否希望为自己赢来良好的人际关系？职场成功又该如何界定？本书从职场里的一个个鲜活案例入手，生动地展示了职场中的沟通技巧，让你学会在职场中左右逢源，用人际打开晋升之门。

作　者：于飞

定　价：35.00 元

出版社：中国物资出版社

《向大客户要业绩》内容简介

抓住大客户，就抓住了大订单，抓住了高业绩，抓住了职场前景。所以，抓住大客户是每个销售人员的目标。然而要如何抓住大客户呢？这就是本书的价值所在。应对大客户的方方面面都需要更巧妙的技巧和方法，本书从 20/80 法则入手，帮助销售人员降低在销售工作中的成本投入，并提高能效产出，让销售人员掌握搞定大客户的技巧，在最短的时间拿下最大的订单。

作　者：马斐

定　价：32.00 元

出版社：中国物资出版社

《口碑载道：无本万利的营销方式》内容简介

对于所有企业的市场营销人员或是管理者来说，关注品牌形象和品牌发展，不如先好好了解一下如何做好口碑，这里面的门道究竟几何。本书从各大品牌口碑营销的经典案例着手，透析各家口碑营销之道，从中总结经验和技巧，提示企业市场营销人员及管理者，口碑营销是一门科学，必须认真学习和把握。

作　者：袁一峰　　定　价：32.00 元

出版社：中国物资出版社

《卓越从敬业开始》内容简介

爱一行才能干一行，专一行才能精一行。懂得敬业的人生是充实、美丽而快乐的，也唯有如此，才能真正脚踏实地、一步步走向卓越，成为一名卓有成效的员工。本书的出发点就在于让长期停滞不前的职场人士迅速找到桎梏自己职场步伐的原因；牢牢把握鞭策自己敬业而需掌握的心理；轻松学会被细化的、实践性极强的敬业"守则"，最终达到成就卓越的目的。

作　者：吴群学

定　价：32.00 元

出版社：中国物资出版社

《管理就这几招》内容简介

管理说难也难，说简单也简单。本书告诉你，只要掌握 4 招，就能将管理化繁为简，轻松搞定各种企业的各种管理难题。全书以"理论 + 实践"的板块构造为你呈现了企业管理者这一特殊角色所应该具备的各种能力、工作方法和技巧。因此，这是一本现代管理领域的实用之作。

作　者：王占坡

定　价：32.00 元

出版社：中国物资出版社

《万金一线牵》内容简介

与客户打着电话开怀畅谈，没有紧张的开场白，没有局促的自我介绍，气氛和谐又温馨，订单随着电话的结束而落下了成功的定音……这就是电话销售。可能吗？请你不要怀疑这样的场景，因为它真实地发生在我们身边。怎么办到呢？秘诀就在你手中的这本书中。

作　者：马斐

定　价：32.00 元

出版社：中国物资出版社

《赢在谈判》内容简介

我们现在所生活的时代是一个随时随地都可能需要谈判的时代，特别是销售人员更是需要用日复一日的谈判来为自己赢得订单、提高业绩、提高收入、表现能力，令上级刮目相看，得到晋升的机会。本书就是力求让每一位"力拼业绩"、想要在工作中扶摇直上的有志之士可以成为谈判高手，为自己、为公司争取更多的利益。因此，本书是你谈判桌上一本智囊宝典。

作　者：马斐　　**定　价：**32.00 元

出版社：中国物资出版社

《拿下大客户》内容简介

企业的大多数利润是靠 20% 的大客户来赚取的。一个企业要发展，就需要有相当的利润作支持，而大客户是企业的利润源泉，生存和发展的助推器。如何获得大客户的签单？如何有效应对大客户的各种要求与质疑？请你不要着急，因为你手里的这本书已经为你考虑到了，并提出了相应的解决方案供你参考。

作　者：覃曦

定　价：32.00 元

出版社：中国物资出版社

《服务制胜》内容简介

服务是一个长期工程，不能掉以轻心，也不能因循守旧，我们必须时时刻刻为客户着想，发自内心地为客户服务，真诚地为客户解决问题，注意细节，勇于创新，给客户提供最周到的服务。

本书分节介绍了各种服务法则，详细地帮助你解决服务过程的种种困扰，让你学会怎样达到客户的要求。

作　者：向成学

定　价：32.00 元

出版社：中国物资出版社

《成交从异议开始》内容简介

本书专门针对客户常提出的各式各样的异议提供有效处理的策略与方法。书中列举了大量的销售案例，并大多以情景模式展开，目的便是更好地通过情景模拟来诠释异议处理的策略精髓。如果你还在为客户所提出的各式各样，甚至是千奇百怪的异议、意见、问题而感到头疼，或者说备受困扰，迫切地想要找到解决方法，那么，本书将为你结束困扰。

作　者：曾展乐

定　价：32.00 元

出版社：中国物资出版社

《成交赢在心态》内容简介

心态是一个人一切言行的控制按钮，这个按钮决定着你生活中的一切。你的心有多高，你就能飞多高。只要拥有自己坚定的信念，不管在什么时候也不会被挫折打倒，你不再是一个弱者，而是一个能够改变自己生活的强者。

让你一步步改变自己的生活，让你成为销售中的强者，看本书怎样为你解答，相信你的选择，一定不会让你失望的。

作　者：张野　　**定　价：**32.00 元

出版社：中国物资出版社

《成交无限》内容简介

销售员在与客户沟通的过程中，80% 的客户或多或少会感到一些反感，这些反感有时会以某种形式表现出来，有时也会隐藏在客户的心里，成为与客户沟通过程中的最大屏障。那么，是什么原因引起的这种情况呢？面对这种情况该怎么处理呢？相信这本书的 55 个技巧对于需要与客户沟通的人将会非常有用，它对于我们与客户将是一个全新的桥梁。

作　者：姜登波　李华

定　价：32.00 元

出版社：中国物资出版社

《赢在管理》内容简介

本书通过对企业管理深入地剖析、分解，找出企业管理误区，并针对企业管理容易疏漏的地方进行填补，是每个企业管理人员手中的指南针，能够帮助迷途创业的人员找到扎营的地点。书内所阐述的问题新锐、真实，解决方法快速、简便，是现代企业领导者所不能缺少的良师益友，能够教导企业领导者如何做“泥菩萨过河，有招可取”的智人。

作　者：文征

定　价：28.00 元

出版社：中国物资出版社

《做世界上最优秀的员工》内容简介

世界 500 强企业集聚了世界上最优秀的人才。你想成为世界 500 强企业中的一员吗？你想知道世界 500 强企业最欢迎什么样的员工吗？你想知道为什么有的员工能够进入世界 500 强企业，甚至会经常受到众多世界 500 强企业的高薪聘请吗？那么，请看本书为您提供的这 7 仲工作习惯，它将为您搭建登上世界 500 强这一豪华巨轮的台阶。

作　者：邹金宏

定　价：32.00 元

出版社：中国物资出版社

《麦当劳成功的启示》内容简介

麦当劳是世界 500 强企业之一，有超过一百万的员工，已经在全球 121 个国家设有超过 31000 家快餐店。麦当劳是一个企业，也是一个王国，一个跨区域的王国。是什么原因让麦当劳如此庞大？如此成功？如此奇迹？它到底运用了什么方法？ 本书通过最真实的笔触，为你提供很多麦当劳成功的智慧和秘诀，使你从中获得有益的知识、借鉴和启发。

作　者：周锡冰　　　定　价：18.00 元

出版社：中国物资出版社

《新员工要懂得的处世心理学》内容简介

新员工大多是在狂涛骇浪里的职场小人物，想要在如今环境糟糕、恶劣的职场上平步青云、如鱼得水，就必须懂得职场的潜规则。本书以大量案例生动地介绍了新员工必须研修的 25 堂职场课程。然而，本书的目的不是描写 25 个职场潜规则，而是为新员工开辟一个顺利的职场人生。

作　者：李华

定　价：35.00 元

出版社：中国物资出版社

《三分管理　七分领导》内容简介

企业的高度不是来源于管理，也不是来源于高效的执行力，而是来源于领导。卓越的领导，决定着企业无限的发展潜力。

21 世纪的领导力不仅仅是领导的方法和技能，也不仅仅适用于领导者，它是我们每个人都应该具备或实践的一种优雅而精妙的艺术。如果你想摆脱刻板的管理者形象，成为一个形象鲜活、拥有更多追随者的魅力领导，请你将本书作为你的智囊宝典。

作　者：李华

定　价：32.00 元

出版社：中国物资出版社

《三分策略　七分执行》内容简介

市场上琳琅满目的执行力图书常销不衰，再一次印证了执行力的课题引起了企业主和从业人员的高度关注，甚至可以说，一个企业是否高效，取决于企业团队执行力的强弱。

如果你是一个企业的中层管理者，而且想提高执行力这一决定职场成败最核心的技能，同时，在不断追求卓越，有加薪升职的愿景，那么，请你阅读本书的观点并实践相应的技能。

作　者：李华

定　价：29.80 元

出版社：中国物资出版社

《三分管人　七分选人》内容简介

从某种意义上来说，企业的竞争就是人才的竞争。作为企业“伯乐”的人力资源经理，如何为企业招聘到像“千里马”般优秀的员工，为企业不断发展适时提供有效的人力资源，已经成为衡量一个人力资源经理是否优秀的核心标准。

本书是专为人力资源经理量身打造的图书，通过学习本书介绍的经验和技巧，你会熟悉并掌握所有管人、选人的全部流程和方法。